# DAS KLEINE HANDBUCH DER MAGIE UND HEXEREI

# DAS KLEINE HANDBUCH DER MAGIE UND HEXEREI

Sprüche,
Tränke und
altes Wissen

MIDIA STAR

ÜBERSETZUNG VON ANJA KELLER

# INHALTSVERZEICHNIS

## VORWORT

## 1. ZAUBER FÜR DAS LIEBESLEBEN

## 2. ZAUBER FÜR FREUND UND FEIND



## 3. ZAUBER FÜR DEN JOB



## 4. ZAUBER FÜR DAS ZUHAUSE UND DIE FAMILIE



## 5. ZAUBER FÜR GLÜCK UND GLÜCKLICHE FÜGUNG

# VORWORT

Willkommen im kleinen Handbuch der Magie und Hexerei! Dieses Buch zeigt dir, wie du durch Magie stärker und glücklicher wirst, und mehr im Einklang mit dir selbst sein kannst. *Anmerkung der Redaktion: Auch wenn sich dieses Buch auf die Hexerei aus Sicht der Wicca konzentriert, musst du, um eine Hexe zu sein oder zu werden, nicht den Wicca angehören.*

Die Hexerei ist ein praktischer Anteil der Wicca-Religion, welche Anfang des 20. Jahrhunderts entstand und mit den meisten anderen religiösen Bewegungen unserer Zeit nur wenig gemein hat. Für die Neuheiden, die sie einführten, war sie sowieso mehr Lebensstil als Religion. Die Wicca verehren nicht nur einen Gott, sondern beten zu den Göttern und Göttinnen des Universums, respektieren jedoch die Überzeugungen Andersgläubiger.

Wir Wicca wollen das Leben in vollen Zügen genießen und die Welt für alle Menschen zu einem besseren Ort machen, ganz gleich, welchem Glauben, welcher Religion, welcher Hautfarbe oder welchem Geschlecht sie angehören. Wir sind eine naturverbundene Religion und machen uns die Jahreszeiten, Kräuter, Farben, Kerzen, den Mond und die Sonne zu Nutze, um mit Zaubersprüchen unsere eigenen Träume und Wünsche und die Anderer zu verwirklichen.

Während in früheren Zeiten Zaubersprüche angewandt wurden, um für eine gute Ernte zu sorgen sowie Freunde und Familie vor Unheil zu bewahren, dienen sie auch heute noch ähnlichen Zwecken – nur eben angepasst an die moderne Welt, in der wir leben. Mithilfe von Magie kannst du deinen Traumjob bekommen, den richtigen Partner finden und halten und sogar finanzielle Probleme lösen, wenn du einmal pleite sein solltest. Hexen gehen ihrem Handwerk mit Leidenschaft nach, und im Allgemeinen bekommen sie, was sie sich vom Leben wünschen. Sie sind keine Schafe, die einfach der Herde folgen, und sie glauben daran, dass Gedankenfreiheit, Respekt vor der Natur und Freundlichkeit zu anderen Lebewesen wichtiger sind, als stumpfsinnig sogenannte „Regeln“ zu befolgen.

Das ist der Grund, weshalb du etwas Magie gut gebrauchen kannst. Sie verleiht dir nämlich die Macht, über alles zu bestimmen, was in deinem Leben geschieht. Wenn du allerdings etwas tust, von dem du weißt, dass es moralisch falsch ist, dann musst du auch damit rechnen, dass das nicht ohne Folgen bleiben wird. Genauso hast du es bei der Hexerei mit einer realen Macht zu tun. Wendest du sie leichtfertig, nur aus eigennützigen Zwecken oder um

anderen Schaden zuzufügen an, so kannst du dich darauf gefasst machen, dass der Zauber letztendlich auf dich zurückfällt.

Wir verehren viele Götter und Göttinnen (auf die ich weiter hinten im Buch zu sprechen komme), und im Gegenzug helfen uns diese Gottheiten bei unserem Streben nach einem glücklichen und erfüllten Leben. Mit „verehren“ meine ich übrigens nicht auf die Knie fallen und beten, denn die Göttin ist zu jeder Zeit bei uns. Ein bloßes „Danke“ oder „Guten Morgen“ genügen, damit sie zufrieden ist und uns ihrerseits gewährt, was wir brauchen und uns wünschen.

### Wusstest du schon?

Im Englischen wird die Magie der Wicca übrigens nicht in der üblichen Schreibweise mit c, sonder mit ck am Ende geschrieben. (Also nicht magic, sonder magick.) Dies soll einfach verdeutlichen, dass das, was sie tun, nichts mit Kartentricks oder dem Hervorzaubern eines Kaninchens aus einem Hut zu tun hat. Im deutschen Sprachraum hat sich etwas Derartiges aber nicht etabliert.

# DIE MACHT DER FRAUEN

Vor tausenden von Jahren gab es im heidnischen Europa in jedem Dorf eine „weise Frau“, die man auch als Schamanin, Priesterin oder mächtige Frau bezeichnete. Sie fungierte dort sowohl als (Tier-) Ärztin als auch als Hebamme und Apothekerin und genoss natürlich ein sehr hohes Ansehen. Nach der Entstehung des Christentums in Europa wurden die Heiden verfolgt, wenn sie sich nicht anpassten und ihre Bräuche wurden teils in christenfreundliche Feiertrage umgewandelt und teils als Teufelsanbetung gedeutet. Damit rechtfertigte man die Verbrennungen und Folterungen von Hexen und allen Männer und Frauen, die das Pech hatten, der Hexerei bezichtigt zu werden.

Glücklicherweise haben sich die Zeiten jedoch geändert und Menschen akzeptieren einander weitgehend so, wie sie sind, ganz gleich, woran sie glauben.

Bei moderner Hexerei geht es darum, die Macht zurückzuerlangen, die für dich als toughe Frau eigentlich natürlich wäre. Die Heiden hatten zwar erkannt, dass Frauen in enger Beziehung zur Natur und dem Universum stehen, doch über die Jahrtausende der männerdominierten Kultur wurde diese Verbindung immer schwächer.

Mithilfe von Hexerei kannst du herausfinden, wo deine Bedürfnisse, Stärken und Schwächen liegen. Außerdem liefert sie dir das Werkzeug, diese Charakterzüge zu verändern, sodass du in der Lage bist, deine Träume Wirklichkeit werden zu lassen und das Beste aus deinem Leben zu machen.

# DIE HANDWERKS-REGELN DER HEXEN

In Filmen, Büchern und den Medien werden Hexen meist völlig falsch dargestellt. *Harry Potter, Sabrina – Total verhext, Buffy - Im Bann der Dämonen* & Co sind zwar sehr unterhaltsam, zeigen jedoch nicht, worum es bei der Hexerei wirklich geht. Hexen können nämlich weder fliegen, noch sich unsichtbar machen, Leute für immer verbannen oder in Zauberbücher hinein- und wieder herausspringen.

## WAS BRAUCHE ICH DAFÜR?

In Filmen haben Hexen sehr viel „magisches" Handwerkszeug – aber das ist zur Anwendung von Magie eigentlich gar nicht nötig, denn eine Hexe zu sein kostet nichts. In der Hexerei ging und geht es bis heute darum, die Macht der Natur zu nutzen, um wie auch immer geartete Probleme zu lösen und nicht darum, eine große Anzahl von Dingen zu kaufen – dabei handelt es sich lediglich um Geldmacherei.

Die einzigen „Werkzeuge", die du in diesem Buch finden wirst, sind einfache Informationen über die Mondphasen sowie Zutaten, welche für die Magie von besonderem Vorteil sind und die Wirkung des jeweiligen Zaubers beschleunigen. Dazu zählen Kräuter, die in jedem Supermarkt erhältlich sind und leicht zu beschaffende Dinge wie Kerzen, Federn, Holz und eine Auswahl an in der Natur vorkommenden Materialien.

Genau wie andere Menschen auch können Hexen jedes erdenkliche äußere Erscheinungsbild haben und die meisten sehen nicht anders aus als du und ich. Meine Alltagsbekleidung besteht zum Beispiel aus Jeans und T-Shirt, und wenn ich mal einen schwarzen Umhang trage, dann nur auf einer Karnevalsparty. Wie du siehst, sind Hexen also genau wie alle anderen, sie verfügen lediglich über eine besondere Gabe, von der sie in schwierigen Zeiten Gebrauch machen können.

## ZWEI EINFACHE REGELN

Ich höre dich schon sagen: „Und ich dachte, bei Hexerei geht es um ein unabhängiges Leben ohne Regeln und so ...“ Ja, darum geht es auch. Aber ohne die Regeln der Hexerei zu kennen, kannst du sie nicht korrekt anwenden. Und das wiederum wird dazu führen, dass Zaubersprüche gar nicht bzw. nicht richtig funktionieren oder du dir oder Anderen damit Schaden zufügst. Aber keine Sorge, es gibt nur zwei Regeln, die du dir merken solltest:

Die Regel der dreifachen Wiederkehr: Alle deine Taten im Leben, seien sie nun gut oder schlecht, fallen dreifach auf dich zurück. Das bedeutet also: Wenn du etwas tust, wovon du tief in deinem Herzen weißt, dass es falsch ist, wird es sich irgendwann in deinem Leben rächen. Das ist weniger eine „Regel“ als einfach ein Naturgesetz, daher lohnt es sich, darauf zu achten!

Die Wiccan-Rede: In deinem Leben kannst du tun, wonach auch immer dir der Sinn steht, solange du damit nicht anderen Menschen oder Lebewesen schadest. Nochmal: Denke vor deinen Handlungen über ihre möglichen Konsequenzen nach. Wenn du eine wahre Hexe sein willst, die mit sich selbst im Reinen ist, dann überleg dir, was es bei den Anderen auslöst, bevor du aus der Haut fährst. Selbst wenn sie gerade noch so sehr eine Abreibung verdient hätten. Vergiss nie die Regel der dreifachen Wiederkehr: Wer dir schadet, auf den werden seine Taten dreifach zurückfallen. Es ist also nicht notwendig, dass du die Sache selbst in die Hand nimmst.

*Anmerkung der Redaktion: Diese Regeln sind Teil der Wicca-Religion und es gibt Hexen, die bezüglich dieser Regeln anderer Ansicht sind. Dennoch ist es nie ein Fehler, sich zu fragen, welche Auswirkungen das eigene Handeln auf andere hat.*

# WIE MAGIE DIR HELFEN KANN

Mithilfe von praktischer Magie bist du in der Lage, deine Ziele zu erreichen und dir deine Träume zu erfüllen. Das Tolle an ihr ist, dass du ihr nicht dein ganzes Leben widmen musst. Auf die magischen Fähigkeiten, die du erlernen wirst, kannst du immer dann zurückgreifen, wenn du dich schlecht fühlst, zur Ruhe kommen willst oder ein Problem hast, das es zu lösen gilt. Das Gelingen eines Zaubers hängt von deiner eigenen Überzeugung ab. Wenn du fest genug daran glaubst, dass du etwas erreichen kannst, dann wird dich auch nichts und niemand daran hindern. Deine magischen Kräfte werden zusammen mit deinem Glauben an dich selbst wachsen und umgekehrt.

In diesem Buch gebe ich dir zwar Ratschläge, wie sich ein Zauber am besten ausführen lässt, aber du brauchst sie nicht unbedingt alle zu befolgen. So musst du zum Beispiel keinen Altar errichten, wenn du das nicht möchtest oder kannst. Einige Hexenbücher nennen eine Liste von Dingen, die du haben oder tun musst. Diese Dinge sind aber nicht zwingend notwendig, viele von ihnen nur Vorschläge. Wenn du fest genug daran glaubst, dann wird ein Zauberspruch unter Garantie auch funktionieren, wenn du keine Kerze in der richtigen Farbe zur Hand hast oder gerade nicht die richtige Mondphase ist. Mondphasen, Kerzen, Kräuter und alles andere, was bei Zaubersprüchen aufgelistet wird, sorgen zwar für die richtige Stimmung, das heißt, der Zauber kann durch sie möglicherweise schneller wirken, aber sie sind kein Muss. Bei allen Zaubersprüchen zählen allein deine Überzeugung, dass er funktionieren wird und dein Glauben an dich selbst und deine Macht.

## WAS HEXEREI NICHT KANN

Hexerei kann niemanden etwas tun lassen, das er normalerweise nicht täte. Zum Beispiel wird ein Liebeszauber, der bewirken soll, dass der nette Typ aus deiner Straße dich um ein Date bittet, niemals gelingen, wenn dieser eigentlich nicht das geringste Interesse an dir hat. Ein Liebeszauber kann lediglich nachhelfen. Jemanden zu etwas bringen zu wollen, das derjenige nicht möchte, wird daher niemals gut gehen und kann sowohl für dich als auch für dein Objekt der Begierde zum Fiasko werden.

## GÖTTER UND GÖTTINNEN

Erinnerst du dich an meinen Hinweis, dass es in der Wicca-Religion nicht nur einen, sondern mehrere Götter gibt?

## Wusstest du schon?

Wenn ein Zauber vollendet ist, sagen wir „So sei es.“ Genau wie die Werkzeuge und Zutaten, die bei Zaubern verwendet werden, müssen wir nicht unbedingt genau diese Worte wählen – man könnte sie sogar ganz weglassen – aber diese rituellen Worte und Gegenstände helfen uns dabei, die richtige geistige Haltung einzunehmen und unsere Energien darauf einzustimmen, unsere Wünsche wahr werden zu lassen.

Obwohl wir davon sprechen, die Göttin um Hilfe zu bitten, glaubt ein Großteil von uns, dass für unterschiedliche Lebensthemen jeweils andere Götter und Göttinnen zuständig sind. So würdest du dich zum Beispiel bei einem Zauber, durch den du einen Partner zu finden hoffst, an Aphrodite, die Göttin der Liebe, wenden. Würdest du dagegen eine Band gründen wollen, dann müsstest du Apollo anrufen, den Sohn des Zeus und Gott der Musiker. Alle Göttinnen und Götter stammen aus der Antike, viele von ihnen sind griechischen oder römischen Ursprungs – aber bei uns sind sie bunt gemischt und du wirst auch auf den einen oder anderen ägyptischen Gott oder Erzengel stoßen.

*Anmerkung der Redaktion: Du musst übrigens nicht zwangsläufig an die Götter und Göttinnen glauben und dich an sie wenden, damit deine Zauber gelingen. Die Wicca sind der Überzeugung, dass uns die Götter beistehen und helfen – es gibt aber auch Hexen, die sich selbst als Atheisten bezeichnen.*

Hera: Sie ist die Frau des Gottes Zeus und für Frauen, Ehe und Geburten zuständig.

Hestia: Eine Schutzgöttin, die Wünsche für das Zuhause erfüllt.

Die Musen: Die neun Töchter Zeus und Heras sind Mädchen wie sie im Buche stehen – kaum zu glauben, auf alten Gemälden sieht man sie tatsächlich um ihre Handtaschen tanzen! Die Musen sind wie Schwestern, die dir bei allen Mädchenproblemen zur Seite stehen.

Isis: Obwohl Isis mehrere Funktionen hat, ist sie in erster Linie als Göttin der Frauen bekannt. Sie ist die Göttin, die die meisten weiblichen Hexen um Hilfe anrufen.

# WIE UND WARUM FUNKTIONIERT MAGIE?

Gute Frage! Ohne zu sehr ins Detail zu gehen: Es ist eine Kombination von verschiedenen Faktoren. Die meisten Menschen nutzen nur einen winzigen Prozentsatz ihrer Macht. Die Magie in diesem Buch wird Analogiezauber genannt, das bedeutet, man bedient sich symbolischer Objekte, um magische Ergebnisse zu erzielen. Wenn wir an uns selbst glauben und die Macht der Natur und des Universums um Hilfe anrufen, so wird alles, was wir uns vom Leben wünschen, Wirklichkeit!

## HÄNG ES NICHT AN DIE GROSSE GLOCKE!

Okay, jetzt, da du herausgefunden hast, dass Magie wirklich funktioniert, bist du bestimmt glücklich und zufrieden, weil du weißt, du kannst in jeder Lebenslage einen Zauber anwenden und dadurch alles besser machen. Ich weiß, es mag nun verlockend sein, anderen zu erzählen, dass der Grund aus dem alles bei dir so gut läuft, Zaubersprüche sind. Aber wenn du hinausposaunst, du seiest eine Hexe und könnest Magie anwenden, bringst du dich nur in Schwierigkeiten. Wenn deine Freunde ehrliches Interesse zeigen, kannst du ihnen sagen, dass du Zauber wirkst, aber erzähl bloß nicht jedem davon.

## DIE ZAUBERSPRÜCHE

Nachdem du nun die Grundlagen der Arbeit mit Hexerei kennst, können wir mit dem spaßigen Teil weitermachen – den Zaubersprüchen! Bitte denk aber daran, dass Hexerei nicht die einfache Lösung für alles ist, was du verbessern willst. Wenn du Zauber ohne Gefühl oder Überzeugung wirkst, oder glaubst, jedes Problem einfach wegzaubern zu können, werden sie nicht funktionieren. Die Göttin steht dir immer zur Seite, aber sie lässt sich nicht missbrauchen. Solltest du Magie einfach nur zum Spaß anwenden, wird sie dir auf die eine oder andere Art einen Strich durch die Rechnung zu machen wissen.

Zauber gelingen am besten, wenn du in deinem Leben etwas wirklich brauchst, also wende sie nur bei wichtigen Gelegenheiten an.

# ZAUBER WIRKEN

Die meisten von uns wenden Magie an, ohne sich dessen bewusst zu sein. Wenn wir realisieren, was wir da gerade tun, verleihen wir den Zaubern, die wir wirken, mehr Macht. Das wichtigste Werkzeug trägst du schon in dir – Überzeugung. Wenn du nicht davon überzeugt bist, dass ein Zauberspruch funktioniert, dann können auch keine Kräuter, Kerzen oder Inkantationen der Welt das ändern.

## DER MOND

Schon seit langer Zeit hat der Mond großen Einfluss auf unser Leben hier auf der Erde. Antike Zivilisationen verehrten ihn als Gottheit und bestimmten anhand seines Standes die wechselnden Jahreszeiten. Wie du sicher schon bemerkt hast, scheint der Mond im Lauf eines Monats die Form zu ändern. Diese Veränderungen nennt man Phasen. Es gibt acht Phasen, die der Mond etwa alle 29 Tage durchläuft; denn so lange braucht er, um einmal um die Erde zu kreisen.

Der Mond beeinflusst auch unsere Magie. Obwohl es nicht unbedingt notwendig ist, Zauber in bestimmten Mondphasen anzuwenden, tun sie dann mitunter schneller ihre Wirkung.

Die acht Phasen des Mondzyklus sind:

- Neumond: wenn der Mond unsichtbar ist. *(Anmerkung der Redaktion: Streng genommen heißt diese Phase „Dunkelmond" oder „Schwarzmond", und erst die nächste Nacht, in der der Mond zum ersten Mal wieder zu sehen ist, „Neumond")*
- zunehmender Halbmond: wenn der Mond die Form eines schmalen „D" hat.
- erstes Viertel: wenn der Mond aussieht wie ein Halbkreis in Form eines „D".
- zunehmender Mond: wenn der Mond eiförmig ist.
- Vollmond: wenn der Mond die Form eines Basketballs hat.
- abnehmender Mond: wenn der Mond eiförmig ist.
- letztes Viertel: wenn der Mond aussieht wie ein Halbkreis in Form eines „C".
- abnehmender Halbmond: wenn der Mond die Form eines schmalen „C" hat.

So kannst du dir die Regeln für deinen Mondzauber ganz leicht merken: Soll etwas Positives in deinem Leben geschehen, dann führe den Zauber bei Vollmond oder zunehmendem Mond aus. Willst du dagegen, dass etwas aus deinem Leben verschwindet, so tue es bei abnehmendem Mond.

## KERZEN

Kerzen spielen bei der Anwendung von Magie eine wichtige Rolle. Die Kerzenflamme steht für das Element Feuer und ist eines der mächtigsten Medien, um einen Wunsch ins Universum zu entsenden. Wenn du nur weiße Kerzen zur Hand hast, ist das nicht schlimm, denn weiß ist universal und funktioniert bei jedem Zauberspruch sehr gut. Du kannst aber auch für unterschiedliche Zaubersprucharten verschiedenfarbige Kerzen benutzen:

- rote/rosa Kerzen: verstärken Liebe, Frieden, Harmonie und alles, was mit großen Gefühlen zu tun hat.
- schwarze/blaue Kerzen: verbannen Dinge aus deinem Leben, die dir dort nicht mehr willkommen sind, wie zum Beispiel dein Ex-Freund.
- grüne Kerzen: ziehen Geld an – etwa für die riesige Telefonrechnung, die noch offen ist.
- goldene/orangefarbene Kerzen: verbessern das Leben oder die Karriere.

Verwende Kerzen immer mit Vorsicht. Stelle sie in einen Halter und blase sie aus, wenn du den Raum verlässt.

# 1.

# ZAUBER FÜR DAS LIEBESLEBEN

Dieser Teil des Buches beschäftigt sich damit, wie man den Traumpartner findet und die gegenseitige Liebe aufrechterhält. Bei Liebeszaubern musst du ganz präzise mit dem sein, was du dir wünschst. Aber es geht dabei nicht darum, zu erreichen, dass eine bestimmte Person sich in dich verliebt. Jeder Mensch hat das Recht auf seinen freien Willen, und wenn die Person, auf die du ein Auge geworfen hast, kein Interesse an dir hat, ist der Versuch, ihn mit einem Zauber zu belegen, ein gefährliches Spiel.

Mit „präzise" meine ich, dass du dem Universum mitteilen musst, nach welcher Art Beziehung du dich sehnst. Bevor du einen Zauber wirkst, überlege dir gut, was du dir für dein Liebesleben wirklich wünschst (und, noch wichtiger, was du dir nicht wünschst.) Wenn du einfach nur um viel Liebe bittest und darum, gewollt und gebraucht zu werden, findest du vielleicht eines Morgens sechs niedliche Kätzchen auf deiner Türschwelle – herzallerliebst, aber nicht wirklich das, wonach du suchst!

# DIE MAGISCHE KONTAKTANZEIGE

Dieser Zauber zieht Liebe an, indem er eine Kontaktanzeige an das Universum entsendet. Keine Sorge, niemand Unbefugtes wird sie lesen, du kannst deiner Fantasie also wirklich freien Lauf lassen und alle Eigenschaften aufschreiben, die dein Traumpartner haben soll.

**DAS BRAUCHST DU:**

- ein Textverarbeitungs-programm und einen Drucker
- oder Papier und Stift
- eine Schere
- eine rosa Kerze
- Streichhölzer oder ein Feuerzeug

**SO FUNKTIONIERT ES:**

Führe diesen Zauber bei Vollmond aus. Bestimmt hast du schon Kontaktanzeigen gesehen, wie sie im hinteren Teil von Zeitungen oder Zeitschriften abgedruckt sind. Jetzt wirst du eine eigene gestalten, um sie ans Universum zu entsenden – aber keine Panik, du brauchst sie nicht tatsächlich zu veröffentlichen; also kannst du so genau formulieren wie du möchtest, was du dir wünschst!

Tippe deine „Gesucht wird" -Anzeige und drucke sie aus, oder schreibe sie von Hand. Du solltest sie an deine persönlichen Vorstellungen anpassen; aber als Beispiel, meine könnte sich so anhören:

*Gesucht wird:*
*Ein Traumprinz, der das Herz*
*der Prinzessin im Sturm erobert.*
*Er muss liebevoll, aufmerksam und*
*bereit sein, sich zu verlieben.*
*Bitte nur Antworten von Prinzen,*
*die es ehrlich meinen.*

Schneide deine Anzeige aus und lege sie unter die rosa Kerze. Entzünde die Kerze. Nun kannst du dich zurücklehnen und entspannen. Lass das Universum den Rest erledigen und es deinen Wunsch zu allen geeigneten Prinzen tragen.

## Wusstest du schon?

Das sind die besten Tage für Liebeszauber: Dienstage für Schutzzauber; zum Beispiel, um dich davor zu schützen, die falsche Person anzuziehen. Freitage für Zauber, die mit Liebe zu tun haben; etwa, um den Traumpartner zu finden. Samstage, um etwas aus deinem Leben zu verbannen, und Sonntage für Selbstvertrauen und Erfolg; beispielsweise, wenn du Selbstvertrauen brauchst, um deinen Schwarm um ein Date zu bitten.

# ICH WILL DICH

Dieser Zauber soll deinen Traumpartner anziehen. Die unten aufgelisteten Zutaten stehen für alles, was man für eine gut funktionierende Beziehung benötigt. Du kannst aber auch anhand von dem, was dir etwas bedeutet und den Eigenschaften, die dir am wichtigsten sind, eigene Symbole wählen.

## DAS BRAUCHST DU:

- ein großes Kastanienblatt (für Stärke)
- ein Wollknäuel (für Weichheit)
- ein Bonbon (außen hart und innen süß)
- eine weiße Feder (für Liebenswürdigkeit)
- ein Stück Schnur

## SO FUNKTIONIERT ES:

Dieser Zauber sollte an einem Freitagabend und bei Vollmond angewandt werden. Wähle eine ruhige Uhrzeit, zu der du dich in einem schönen heißen Bad entspannen kannst. Lege das Kastanienblatt in das Badewasser und während du relaxt, stelle dir vor, wie dein Traumpartner sein wird. Deine Vorstellung wird sich auf das Blatt übertragen. Nachdem du aus der Wanne gestiegen bist, wickle dich in ein großes weiches Handtuch oder zieh einen kuscheligen Bademantel an. Platziere das Blatt auf einer harten Oberfläche (wie z. B. deinem Schminktisch) und das Wollknäuel, das Bonbon und die Feder in der Mitte des Blattes. Nun falte die Seiten des Blattes zur Mitte und binde das Päckchen mit der Schnur zu. Sage: „Ich will diesen Mann/ diese Frau!“ Anschließend vergrabe es im Vorgarten oder in einem Blumenkasten vor deinem Haus oder deiner Wohnung und warte darauf, dass der Zauber seine Wirkung tut.

# DEN SEELENPARTNER HERBEIRUFEN

Dieser einfache Zauber funktioniert nach dem Prinzip, dass, wenn du das Universum lang genug um etwas bittest, eine Macht entsteht, die es Wirklichkeit werden lässt.

**DAS BRAUCHST DU:**

Eine E-Mail Adresse

**SO FUNKTIONIERT ES:**

Wirke diesen Zauber an einem Freitagabend. Logge dich in deinen E-Mail Account ein und schreib dir selbst eine Nachricht mit etwa diesem Text:

*Der/die Eine für dich ist unterwegs.*

Tippe die Nachricht dreimal und sende die E-Mail an dich selbst. Öffne sie aber erst am nächsten Tag. So vergeht genug Zeit, damit sie durch das Universum reisen und lautlos alle da draußen informieren kann, dass du nun zu haben bist.

Wiederhole den Vorgang an den nächsten drei Freitagen. Setze dein Leben normal fort, aber halte dabei die Augen offen! Da deine Nachricht das gesamte Universum erreicht hat, kann man nie wissen, wann du auf deinen Seelenpartner triffst.

# EINEN VERLÄSSLICHEN PARTNER ANZIEHEN

Vielleicht hast du ja gar kein Problem damit, einen Partner zu finden. Doch es kommt die Zeit im Leben einer Frau, in der sie sich ein bisschen Verbindlichkeit wünscht – selbst, wenn es nur ist, dass der Partner sie seinen Freunden vorstellt. Dieser Zauber zieht nur diejenigen an, die es ehrlich mit dir meinen und auch dazu bereit sind, das unter Beweis zu stellen.

## DAS BRAUCHST DU:

- ein Stück Papier
- ein großes Glas Orangensaft
- eine Handvoll Beeren der Saison (Erdbeeren, Himbeeren usw.)
- einen Tropfen Rosenöl
- einen Mixer
- einen Liebesroman

## SO FUNKTIONIERT ES:

Dieser Zauber sollte bei zunehmendem Mond ausgeführt werden. Schreibe auf das Stück Papier die folgenden Worte:

*Der Mann/die Frau, den/die ich treffe,*
*wird zur Seite mir steh'n.*

*Der Mann/die Frau, den/die ich treffe,*
*wird nicht mehr fort von mir geh'n.*

*Der Mann/die Frau, den/die ich treffe,*
*wird schätzen die Zweisamkeit.*

*Der Mann/die Frau, den/die*
*ich treffe, wird sich zu binden*
*sein bereit.*

*So sei es.*

Nun gieße den Orangensaft, die Beeren und das Rosenöl in den Mixer und mixe alles eine Minute lang. Dann gieße den Trank in das große Glas und tunke das Stück Papier hinein, so dass es etwas von dem Saft aufsaugt. Danach nimm es wieder heraus und lege es zum Trocknen auf eine sonnige Fensterbank. Jetzt trinke das Glas aus. Wenn das Papier getrocknet ist, lege es in den Liebesroman, der dir am besten gefällt und warte darauf, dass dein Traummann/deine Traumfrau in dein Leben tritt.

### Wusstest du schon?

Viele Junghexen erwarten, dass Zaubersprüche sofort wirken oder handeln überstürzt, damit sich schneller Ergebnisse zeigen. Aber leider funktioniert das so nicht. Denn in der Magie sind die Schlüsselwörter „Geduld“ und „Übung“. Kein Liebeszauber kann Mr. oder Mrs. Right einfach so aus einer Rauchwolke vor deiner Tür steigen lassen. Bis dein Wunsch in das Universum gereist ist und gewährt wird, braucht es Zeit. Zwar wirken die meisten Zauber innerhalb eines Mondmonats (= 29 Tage), bis du jedoch dein Ziel erreicht hast, können mehrere Monate vergehen.

# EIN ERFOLGREICHES ERSTES DATE

Beim ersten Date mit einer neuen Eroberung flattern bei uns allen die Nerven. Du kennst das sicher: der Magen verkrampft sich und man stellt sich unzählige Male vor den Spiegel, um zu checken, ob man gut aussieht. Dieser kleine Zauber sorgt dafür, dass du auch sicher Spaß beim ersten Date hast.

**DAS BRAUCHST DU:**

- einen roten Stift
- ein weißes Blatt Papier
- ein rotes Rosenblatt
- etwas roten Faden oder eine rote Schleife
- ein Rosen-Räucherstäbchen
- Streichhölzer oder ein Feuerzeug

**SO FUNKTIONIERT ES:**

Diesen Zauber kannst du überall und zu jeder Zeit ausführen.

Schreibe zunächst den Namen der Person, mit der du verabredet bist, mit dem roten Stift auf das weiße Papier und daneben deinen eigenen Namen. Dann lege das rote Rosenblatt auf die Namen, rolle das Papier zusammen und verschnüre es mit dem roten Faden oder der Schleife. Als Nächstes zünde das Räucherstäbchen an und schwenke die Papierrolle durch den Rauch.

Sprich drei Mal die folgenden Worte:

*Göttin der Liebe,*
*lass dieses Date erfolgreich sein.*
*Göttin der Liebe,*
*lass dieses Date unvergesslich sein.*
*Ich danke dir, so sei es.*

Vergrabe die Papierrolle und genieß dein Date. Nun wird alles gut gehen!

# ROSENQUARZ-ANZIEHUNGSZAUBER

Okay, ich weiß, ich habe weiter vorne gesagt, dass du niemanden dazu zwingen kannst, sich in dich zu verlieben. Aber manchmal braucht die betreffende Person einfach einen Hinweis, dass du an ihr interessiert bist – denk daran, sie ist auch nur ein Mensch und kann schließlich keine Gedanken lesen! Wenn du also herausfinden willst, ob jemand Gefühle für dich hegt und du Signale aussenden möchtest, dass du auch Interesse hast, so wende diesen Zauber an.

**DAS BRAUCHST DU:**

einen Stein aus Rosenquarz

**SO FUNKTIONIERT ES:**

Dieser Zauber lässt sich zu jeder Zeit ausführen. Beginne mit ihm, indem du in einer Nacht mit dem Rosenquarz unter dem Kopfkissen schläfst. Am nächsten Morgen nimm ihn in deine dominante Hand und schließ die Augen. Visualisiere, wie sich deine Persönlichkeit und alle deine guten Eigenschaften auf den Rosenquarz übertragen. Halte den Stein in die Luft und stelle dir vor, wie er unsichtbare Signale an die Person aussendet, für die du etwas empfindest.

Wiederhole den Vorgang eine Woche lang täglich für zehn Minuten. Schon bald wirst du feststellen, dass dein Schwarm nun Interesse an dir zeigt und dich anders ansieht als vorher. Und möglicherweise nicht nur er!

# LASS NUR DEN RICHTIGEN IN DEIN HERZ

Vielleicht kommt irgendwann eine Zeit, in der du dich fragst, ob es dein Schicksal ist, dir ein Leben lang die falschen Partner auszusuchen. Dieser leicht umsetzbare Liebeszauber wehrt ungeeignete Verehrer ab, damit nur noch die richtigen an deine Tür klopfen.

## DAS BRAUCHST DU:

- einen schwarzen oder grauen Kieselstein
- einen Fluss
- einen weißen Kieselstein
- ein 30 cm langes Lederband

## SO FUNKTIONIERT ES:

Wirke diesen Zauber bei Vollmond. Zunächst nimm den schwarzen oder grauen Kieselstein, je nachdem, ob du Rechts- oder Linkshänder bist, in deine weniger dominante Hand. Dann visualisiere, wie der Stein alle ungeeigneten Liebhaber/innen aufnimmt, die jemals Teil deines Lebens waren. Denke an all ihre Charaktereigenschaften, die für dich unpassend waren und übertrage sie auf den Kiesel. Wenn du zufrieden bist, öffne deine Hand und sage:

*Oh Kiesel, bitte verbanne diese Unwürdigen ein für alle Mal aus meinem Leben und mach, dass ich ihresgleichen von nun an nicht mehr anziehe.*

Nun begib dich mit dem schwarzen oder grauen Kiesel an einen Fluss oder Teich und wirf ihn über deine Schulter ins Wasser. Dann geh fort, ohne dich noch einmal nach ihm umzudrehen.

Wenn du wieder zuhause angelangt bist, nimm den weißen Kieselstein in deine dominantere Hand und denke an alle Eigenschaften, die dein zukünftiger Partner haben sollte. Überlege genau, was du brauchst, und übertrage all diese Energie auf den Stein. Wenn dies getan ist, nimm das Lederband, wickle es sooft du kannst um den Kiesel und befestige es zum Schluss mit einem Knoten. Trage dieses Amulett für mindestens 29 Tage immer bei dir. Schon bald wirst du die Art Partner anziehen, die zu dir passt.

# MACH MICH UNWIDERSTEHLICH

Wir sehen alle gern gut aus, wenn wir auf eine Party gehen, oder? Dieser kleine Schönheitszauber ist nicht nur einfach, er lässt dich auch zum Anbeißen aussehen, wenn du dich abends auf den Weg machst.

**DAS BRAUCHST DU:**

- einen Tropfen Vanillearoma
- deinen Lieblingslippenstift

**SO FUNKTIONIERT ES:**

Dieser Zauber gelingt am besten bei Vollmond. Als Erstes verteile das Vanillearoma auf dem Lippenstift und lass ihn trocknen. Dann, kurz bevor du das Haus verlässt, trage ihn sorgfältig auf und stelle dir dabei vor, wie durch ihn die Verehrer/innen bei dir Schlange stehen.

Nun reibe die Lippen aneinander und sage:

*Meine Lippen sind zum Küssen schön,*
*du kannst ihnen nicht widersteh'n.*
*Unwiderstehlich ich werde durch sie,*
*die Macht meines Kusses ist stark wie nie.*

Jetzt geh aus und hau sie alle vom Hocker! Übrigens bin ich überzeugt davon, dass dieser Zauber speziell für Cinderella erfunden wurde, denn er währt nur eine Nacht lang. Aber du kannst ihn wiederholen, sooft du möchtest.

# FLIRTZAUBER

Wir alle haben Schwächen, die an unserem Selbstbewusstsein nagen. Aber um mit jemanden zu flirten braucht es schließlich ein gewisses Maß an Selbstvertrauen. Dieser Zauber hilft deinem Talent zum Flirten auf die Sprünge und macht dich bei Begegnungen mit potentiellen Kandidaten/innen sicherer.

## DAS BRAUCHST DU:

- eine rote Kerze
- eine rosa Kerze
- eine Prise Zimt
- einen einfarbigen Umschlag
- einen Kranz aus Gänseblümchen
- Streichhölzer oder ein Feuerzeug

## SO FUNKTIONIERT ES:

Wende diesen Zauber an, bevor du abends ausgehst. Als Erstes zünde die Kerzen an und lass dir ein heißes Bad ein. Dann streue die Prise Zimt in das Wasser und lege auch den Kranz aus Gänseblümchen, den du gemacht hast, hinein. Entspanne dich in dem Bad und stelle dir vor, wie selbstbewusst du sein wirst, wenn du ausgehst und wie du durch dein Selbstvertrauen Leute von der ganzen Party auf dich aufmerksam machst.

Wenn du dich dafür bereit fühlst, steige aus dem Bad und zieh dich an. Denk daran, die Kerzen auszublasen. Fische den Blumenkranz aus dem Wasser, trockne ihn vorsichtig mit einem Handtuch ab, stecke ihn in den Umschlag, damit er geschützt ist und nimm ihn in deiner Handtasche mit. Dies ist ein Zauber, der sehr schnell wirkt, und du wirst merken, dass es dir heute Abend besonders leicht fällt, mit Leuten die dir gefallen, zu flirten und sie in deinen Bann zu ziehen.

# MEHR WÜRZE FÜR DAS SEXLEBEN

Wenn du dein Sexleben aufpeppen willst, dann bereite für dich und deinen Schatz dieses köstliche Fruchtgetränk zu. Falls du keinen Alkohol trinkst, kannst du für diesen Zauber auch eine Flasche Fruchtsaft oder alkoholfreien Wein verwenden.

**Wusstest du schon?**

Die Kerzenfarben, die sich am besten für Beziehungsmagie eignen, sind Rosa, Rot und Gold. Diese Farben werden mit Liebe, Intimität und Gelassenheit in Verbindung gebracht – allem, was es für eine magische Partnerschaft braucht. Willst du hingegen einen Bannzauber wirken, so verwende eine dunkelblaue Kerze.

## DAS BRAUCHST DU:

eine Flasche Rotwein oder einen leckeren Fruchtsaft

einen großen Kochtopf

drei Tropfen Zitronenöl (das Zitronenöl zum Backen, nicht das ätherische)

drei Esslöffel Zucker

fünf Brombeeren

drei Tropfen Vanillearoma

ein Stück Musselin-Stoff oder ein sauberes Geschirrtuch

einen großen Krug

eine rosa Kerze

Streichhölzer oder ein Feuerzeug

## SO FUNKTIONIERT ES:

Dieser Zauber lässt sich jederzeit anwenden. Gieße zunächst die Flasche Rotwein/Fruchtsaft in den Kochtopf und gib das Zitronenöl, den Zucker, die Brombeeren und das Vanillearoma hinzu. Nun erwärme das Getränk langsam auf dem Herd, sodass die Zutaten sich gut vermischen können. Dann lass es abkühlen und filtere es anschließend durch das Stück Musselin-Stoff oder das Geschirrtuch in den großen Krug.

Wenn dein Schatz nach Hause kommt, gieße die Mixtur zurück in die Flasche und entzünde die rosa Kerze. Gieße drei Gläser des magischen Weins ein – eins für dich, eins für deinen Partner und eins für die Göttin der Liebe. Sprich einmal die folgenden Worte:

*Wein, den ich trink mit dir heut' Nacht,*
*schon bald die Lust und Leidenschaft entfacht.*

Entspannt euch und genießt den gemeinsamen Abend – es wird sicher einer, den ihr nicht so schnell vergesst ...

# LASS MICH WIEDER DAS FEUER SPÜREN

Oft nehmen der Job und unser sonstiges Leben den Großteil unserer Zeit in Anspruch und wenn wir dann abends ins Bett gehen, ist schlafen das Einzige, was wir wollen. Dieser Zauber entfacht verlorene Leidenschaft neu.

**DAS BRAUCHST DU:**

- eine Eichel
- drei rosa Kerzen
- fünf Tropfen Lavendelöl
- fünf Tropfen Rosenöl
- eine Flasche mit Sprühaufsatz (z. B. eine alte Parfumflasche)
- 120 ml (ca. eine Tasse) natürliches Quellwasser
- Streichhölzer oder ein Feuerzeug

**SO FUNKTIONIERT ES:**

Wirke diesen Zauber, während du ein heißes Bad nimmst. Zunächst fülle die Flasche mit Quellwasser, gib das Öl hinzu und schüttle alles gut durch. Dann stell die Kerzen in deinem Schlafzimmer auf und besprühe sie eine nach der anderen mit der Mixtur. Sprühe auch etwas davon auf die Bettlaken und in die Luft.

Wenn dein Partner nach Hause kommt, zünde die Kerzen an und sage:

*Göttin der Liebe,*
*mein Begehr, das nenn ich dir:*
*Gewähr meinen Wunsch,*
*entfach das Feuer neu in mir!*

Halte die Eichel einen Moment lang in der Hand und leg sie später, wenn ihr euch liebt, unter dein Kopfkissen.

# GOODBYE TRENNUNGSSCHMERZ

Über eine Trennung hinwegzukommen ist immer schwer. Aber wenn du dich ewig in deinem Kummer vergräbst, verhinderst du dadurch, dass du deinem wahren Seelenverwandten begegnest. Dieser Zauber hilft dir, mit dem Schmerz fertig zu werden. Er ist in zwei Schritte unterteilt: im ersten Schritt bannst du den Kummer und im zweiten sendest du eine Botschaft an die Welt dort draußen, dass du bereit für einen Neuanfang bist.

**DAS BRAUCHST DU:**

- eine dunkelblaue Kerze und einen Kerzenhalter
- eine Handvoll Salz
- eine rosa Kerze
- einen Kristall
- Streichhölzer oder ein Feuerzeug

**SO FUNKTIONIERT ES:**

Wende diesen Zauber an einem Samstag bei abnehmendem Mond an. Als Erstes stelle die blaue Kerze im Kerzenhalter auf dein Fenstersims. Dann zieh mit dem Salz einen Kreis um sie, entzünde sie, schließ die Augen und sage:

*Meinen Schmerz, den nimm hinfort,*
*denn was ich fühl, tut mir nicht gut.*
*Von meinem Schmerz mich sollst befrei'n,*
*möcht wieder lieben und glücklich sein.*

Lass die Kerze herunterbrennen. Warte zwei Stunden, dann nimm die rosa Kerze und stelle sie in denselben Kerzenhalter. Platziere den Kristall vor die rosa Kerze, und entzünde diese. Sprich folgende Worte:

*Mich neu zu verlieben bin ich nun bereit.*
*Ins Universum die Botschaft trage hinaus,*
*sodass sie fordert den Mann/die Frau meiner*
*Träume heraus,*
*und er/sie und ich sind für immer vereint.*

Nun lass die rosa Kerze komplett herunterbrennen und lege den Kristall in deine Geldbörse oder Handtasche.

# VON NEUEM IN LIEBE VEREINT

Manchmal haben wir den Kontakt zu jemandem verloren, der, wie wir jetzt erst erkennen, eigentlich der ideale Partner für uns war. Natürlich kannst du niemanden zur Rückkehr zu dir zwingen. Aber wenn du das Gefühl hast, dass ihr dazu bestimmt seid, ein Paar zu sein, so kannst du mithilfe dieses Zaubers die Person ausfindig machen und alte Leidenschaften neu entfachen. Schließlich weiß man nie – vielleicht empfindet sie ja ähnlich wie du.

**DAS BRAUCHST DU:**

- zwei Reißnägel
- eine weiße Kerze
- ein Stück Papier
- einen Stift
- Streichhölzer oder ein Feuerzeug

**SO FUNKTIONIERT ES:**

Dieser Zauber sollte bei Vollmond angewandt werden. Die zwei Reißnägel stehen für dich und deine ehemalige Flamme. Steck sie an zwei gegenüberliegenden Seiten in die Kerze. Dann schreib eine Botschaft an die Person, die du liebst und ihren Namen auf das Stück Papier und lege es darunter.

Anschließend entzünde die Kerze und sag den Namen der Person, mit der du wiedervereint werden willst, einhundert Mal. Warte, bis die Kerze heruntergebrannt ist und die Reißnägel herausfallen. Das bedeutet, dass deine Botschaft angekommen ist. Wenn du beobachtest, dass die Flamme Funken sprüht, dann wirst du innerhalb einer Woche von der Person hören. Siehst du dagegen beim Erlöschen der Kerze einen glühenden Ring, so wird dein Wunsch innerhalb von 29 Tagen gewährt.

# DIE NATUR-VERBUNDENHEIT DER HEXEN

Hexen fühlen die Macht der Natur. Sie haben eine intuitive Verbindung zur Energie der Erde und des Universums und respektieren jedes Lebewesen darin. Vielleicht fühlst du dasselbe – lebst du in der Nähe des Meeres oder sonst irgendwo am Wasser? Bist du gern in den Bergen unterwegs, hast eine besondere Affinität zu Tieren oder fühlst dich einfach besser, wenn du in den wärmeren Monaten die Energie der Sonne auf deiner Haut spürst?

## DIE VIER ELEMENTE

Nach Auffassung der Magie wurde alles aus den vier Energien des Feuers, der Luft, des Wassers und der Erde erschaffen, welche für die vier Himmelsrichtungen, die vier Viertel des magischen Kreises und die vier Jahreszeiten stehen. Diese Energien bilden das Universum und alles darin und sind unsagbar mächtige Quellen der Magie. Jede von ihnen hat ihre eigenen Stärken und Schwächen, Kräfte und Qualitäten.

Feuer (repräsentiert durch die Farben Rot, Orange und Gold) steht für Licht, Wärme, Begierde, Fruchtbarkeit, Leidenschaft und Mut. Wir nutzen es, wenn wir mithilfe von Kerzenmagie Kerzen in bestimmten Farben für eine besondere Anzahl von Tagen entzünden, Papier verbrennen, um Dinge aus unserem Leben zu verbannen oder von der Macht der Sonne Gebrauch machen. Seine Himmelsrichtung ist Süden und seine Jahreszeit der Sommer.

Luft (repräsentiert durch die Farben Weiß, Blau, Grün und Gelb) steht für Scharfsinn, Erinnerung, Freundschaft und Einsicht. Wir nutzen ihre Magie durch Räucher- und Spiegelzauber, die Macht des gesprochenen Wortes und Visualisierungen. Ihre Himmelsrichtung ist Osten und ihre Jahreszeit der Frühling.

Wasser (repräsentiert durch die Farben Blau, Grau, Grün und Weiß) steht für Gefühle, Intuition, Gesundheit und Fruchtbarkeit. Wir wenden seine Magie an, wenn wir das Meer oder andere Gewässer, Muscheln oder Behältnisse voll Wasser in unseren Zauber miteinbeziehen. Seine Himmelsrichtung ist Westen und seine Jahreszeit der Herbst.

Erde (repräsentiert durch die Farben Braun, Violett, Grün und Schwarz) steht für Sicherheit, Stabilität, Stärke, Geduld, Wärme und Kälte, Tiere und das Land. Wir machen von ihrer Magie Gebrauch, wenn wir etwas in ihr vergraben oder in unseren Zaubern Kristalle, Steine, Kräuter oder Pflanzen zum Einsatz bringen. Ihre Himmelsrichtung ist Norden und ihre Jahreszeit der Winter.

# BRING HARMONIE IN DEINE LIEBESBEZIEHUNG

Streit löst niemals Probleme – er raubt uns lediglich Energie. Dieser Zauber wird den Zankereien ein Ende setzen und dafür sorgen, es bei euch wieder friedlich und harmonisch zugeht.

**DAS BRAUCHST DU:**

- eine Zwiebel
- ein Messer
- eine blaue Kerze
- eine weiße Kerze
- eine weiße Feder
- Streichhölzer oder ein Feuerzeug

**SO FUNKTIONIERT ES:**

Wirke diesen Zauber an einem Samstagabend bei abnehmendem Mond. Schneide zunächst die Zwiebel in vier gleichgroße Stücke und lege in alle vier Ecken eures Wohnzimmers jeweils eins davon. Dann entzünde die blaue Kerze und sage dreimal:

*Banne nun den Streit,*
*banne nun die Feindseligkeit,*
*banne nun den Schmerz.*
*So sei es.*

Lass die blaue Kerze ganz herunterbrennen und vergrabe den Wachsrest im Garten. Anschließend warte eine Stunde, und entzünde danach die weiße Kerze und lege die weiße Feder daneben.

Nun sag dreimal:

> *Bring uns nun Frieden und Harmonie,*
> *bring uns nun Liebe und Leidenschaft,*
> *bring uns nun Glück.*
> *So sei es.*

Blase deinen Wunsch vorsichtig in die weiße Feder hinein. Lass die Kerze herunterbrennen. Dann geh mit der Feder nach draußen und wirf sie in die Luft, sodass sie ins Universum getragen werden kann. Die geviertelte Zwiebel solltest du zwei Wochen lang in eurem Wohnzimmer liegen lassen.

# DER EWIGKEITSTALISMAN

Ein Talisman ist ein Schmuckstück, das Zauberkräfte besitzt und positive Energie anzieht. Diese Eigenschaften wirken wie ein starker Magnet, der Liebe anzieht und lebendig hält. Willst du deinen Partner mit einem Zauber belegen, damit er immer nur Augen für dich hat, so stelle diesen Talisman her.

**DAS BRAUCHST DU:**

- einen goldenes Medaillon und eine goldene Schnur oder Kette
- drei Tropfen Lavendelöl
- ein Foto von dir und deinem Schatz, das die richtige Größe für das Medaillon hat
- etwas Lavendel, Basilikum und Rosmarin, fein gehackt oder gemahlen

**SO FUNKTIONIERT ES:**

Stelle den Talisman an einem Freitag bei zunehmendem Mond her. Als Erstes träufle die drei Tropfen Lavendelöl auf das Medaillon und verteile sie darauf. Dann lege das Foto sowie die gehackten oder gemahlenen Kräuter hinein.

Nimm das Medaillon in die Hand und visualisiere dich und deinen Partner, wie ihr für immer glücklich vereint seid. Sag dreimal:

*Dieser Schmuck besiegeln soll*
*für immer uns're Liebe.*
*Die Zukunft sei des Glückes voll.*

Damit der Zauber wirkt, brauchst du den Talisman nicht immer zu tragen, seine Magie wird jedoch dadurch verstärkt.

# ERINNERUNGSZAUBER

Du bist etwas Besonderes, nicht wahr? Willst du sichergehen, dass dein Schatz das nie vergisst und immer an deinen Geburtstag und euren Jahrestag denkt, so wende diesen Zauber an. Er wird seinem Erinnerungsvermögen auf die Sprünge helfen.

**DAS BRAUCHST DU:**

- einen Kalender
- einen Block mit Klebezetteln
- einen roten Textmarker
- eine goldene Kerze

**SO FUNKTIONIERT ES:**

Streich mit dem Textmarker im Kalender alle Daten an, die wichtig für dich sind, etwa deinen Geburtstag, den Tag, an dem ihr euch das erste Mal begegnet seid, euren Jahrestag etc. Wenn du alle Monate im Kalender durchgegangen bist, schreib jedes wichtige Datum einzeln auf einen Klebezettel und klebe ihn dorthin, wo dein Schatz ihn sieht.

Dann entzünde die goldene Kerze und sage:

*Die Tage, die von Wichtigkeit,*
*nie mehr wirst du vergessen,*
*von nun an und für alle Zeit.*
*So sei es.*

Die Botschaft, die du an das Universum entsendest, wird dafür sorgen, dass dein Schatz diese besonderen Tage nie vergisst. Vielleicht bemerkt er die sichtbaren Erinnerungsstützen gar nicht, aber unbewusst wird er durch sie wissen, was dir wichtig ist.

# DIE ERSTE VERLIEBTHEIT WIEDERAUFLEBEN LASSEN

In schon lange bestehenden Beziehungen kommt die Romantik oft zu kurz, besonders, wenn die Partner anderweitige Verpflichtungen haben, die sie Zeit und Energie kosten. Dieser Zauber bringt die besonderen Momente zurück, in denen du dich in deinen Schatz verliebt hast.

## DAS BRAUCHST DU:

- ein Blatt Papier
- einen roten Stift
- etwas Handgeschriebenes von deinem Schatz (etwa einen alten Liebesbrief)
- eine rote Kerze
- Streichhölzer oder ein Feuerzeug

## SO FUNKTIONIERT ES:

Wirke diesen Zauber an einem Freitagabend. Schreibe zunächst auf das Blatt Papier all die Dinge, wegen denen du dich damals in deinen Schatz verliebt hast. Denke an das erste Mal, als er mit dir geflirtet hat (oder du mit ihm). Erinnerst du dich, wie du Schmetterlinge im Bauch hattest, wann immer du ihn sahst oder seine Stimme hörtest? Anschließend schreib alles auf, wodurch er sich zu dir hingezogen gefühlt hat.

Wenn du damit fertig bist, lege das Handgeschriebene von deinem Partner mit der Vorderseite nach unten auf das Blatt Papier, sodass sich die beiden Handschriften berühren. Dann stelle die rote Kerze darauf und entzünde sie.

Sprich einmal die folgenden Worte:

*Aphrodite, Göttin der Liebe,*
*sende Magie, erweck' neu die Gefühle.*
*Mache uns, wie einst war'n wir,*
*im Olymp dort oben ich rufe zu dir.*
*So sei es.*

Blase die Kerze aus und entzünde sie an den nächsten sieben Abenden von neuem. Nun wird eure Beziehung wieder genauso voller Magie sein wie bei eurer ersten Begegnung.

# DER (ANTI-) ROMEO UND JULIA ZAUBER

Es ist nicht leicht, eine glückliche Beziehung zu führen, wenn Freunde und Familie von Anfang an gegen sie sind. *Romeo und Julia* ist zwar eine tolle Geschichte, aber du willst sie sicher nicht wirklich erleben. Was es auch sei, dass es den für dich wichtigsten Menschen schwer macht, deinen Schatz zu akzeptieren, dieser Zauber wird jegliche Feindseligkeiten bannen, sodass du zusammen sein kannst, mit wem du möchtest.

**DAS BRAUCHST DU:**

- eine rote Kerze
- eine blaue Kerze
- einen Gegenstand, der für dich und deinen Schatz steht (ideal wäre ein Schmuckstück, das er dir geschenkt hat, oder ein Foto von euch beiden)
- einen Teelöffel gemischte Kräuter
- einen Teelöffel Salz
- Streichhölzer oder ein Feuerzeug

**SO FUNKTIONIERT ES:**

Dieser Zauber sollte bei abnehmendem Mond angewandt werden. Stelle als Erstes die rote und die blaue Kerze nebeneinander und lege den Gegenstand, der mit dir und deinem Partner in Verbindung steht, davor. Anschließend streu die Kräuter und das Salz auf den Gegenstand. Dann entzünde die blaue Kerze und sage:

*Bei der Macht der Göttin der Liebe,*
*der Anderen Einmischung*
*in unser Leben setz' ein Ende.*
*Mach mich frei, sodass ich kann treffen*
*eigene Entscheidungen in der Liebe.*

Lass die Kerze herunterbrennen, dann entzünde die rote Kerze und sprich:

*Bei der Macht der Göttin der Liebe,*
*lass jeden Widerstand bezwingen uns're Gefühle.*
*Mögen glücklich wir sein jetzt und immerdar.*

Lass die rote Kerze ebenfalls herunterbrennen. Nimm die Mischung aus den Kräutern und dem Salz und streue sie aus dem Fenster. Vollende den Zauber, indem du sagst:

*Dies ist mein Wunsch, so sei es.*

# SPIEGLEIN, SPIEGLEIN AN DER WAND

Spiegel tragen eine mächtige Magie in sich, aber man muss wissen, wie man sie entfesselt. Dieser Zauber setzt die Kräfte des Spiegels frei und sendet Signale an Andere aus, dass du an einer Beziehung interessiert bist.

**DAS BRAUCHST DU:**

- eine Handvoll silbernen Glitzerstaub
- einen Handspiegel
- eine weiße Kerze
- Streichhölzer oder ein Feuerzeug

**SO FUNKTIONIERT ES:**

Wirke diesen Zauber an einem Freitag, wenn du gerade eine halbe Stunde für dich hast. Nimm zunächst ein Bad (oder dusche) und reinige dich. Verwende dazu eine großzügige Menge Badezusatz oder Duschgel und mache das Ganze zu einem Luxuserlebnis. Danach wickle dich in ein Handtuch, föhn dir die Haare und schminke dich wie du es für ein wichtiges Date tun würdest. Wenn du dich bestens gestylt fühlst, streu den silbernen Glitzerstaub auf den Spiegel. Dann entzünde die weiße Kerze und stelle sie davor. Sprich dreimal die folgenden Worte:

*Lass sie mich seh'n beim Schlag der drei*
*und Liebe bring in Windeseil' herbei.*

Nun blase den Glitzerstaub vom Spiegel und blicke einen Moment lang hinein. Schau, wie hübsch du bist! Schließ die Augen und zähl bis drei. Jetzt hat die Nachricht das ganze Universum erreicht.

# GOODBYE MIT EINEM LÄCHELN

Manchmal wissen wir ganz einfach, dass eine Beziehung zum Scheitern verurteilt und es das Beste für alle Beteiligten ist, sie zu beenden. Eine Woche, bevor du es deinem Partner sagst, wirke diesen Zauber. So werdet ihr euch im Guten trennen können.

## DAS BRAUCHST DU:

- eine Herzdame-Spielkarte
- eine Herzkönig-Spielkarte
- einen Stift
- einen schwarzen Kieselstein
- einen Teich oder Fluss

## SO FUNKTIONIERT ES:

Führe diesen Zauber bei abnehmendem Mond aus. Zuerst schreibe deinen Namen auf die Herzdame-Spielkarte und den deines Partners auf die andere Karte. Lege die Herzdame mit der Vorderseite nach oben auf den Tisch und platziere den schwarzen Kiesel darauf. Nun lege den Herzkönig mit der Vorderseite nach unten auf den Stein. Halte deine dominante Hand über die drei Objekte und sprich:

*Damit wir können weitergeh'n,*
*muss enden uns're Zeit.*
*Wir werden frei und glücklich sein,*
*die Freundschaft jedoch bleibt.*

Falte beide Karten einmal und entsorge sie (ordnungsgemäß – Hexen verhalten sich umweltbewusst!). Dann wirf den schwarzen Kiesel in einen Teich oder Fluss. Nun steht einer friedlichen Trennung nichts mehr im Wege.

# DAS BUCH DER SCHATTEN

Ein Buch der Schatten ähnelt einem Tagebuch, in dem du Zaubersprüche und magisches Wissen festhalten kannst. Mögliche Einträge reichen von den Mondphasen bis zu Lieblingssprüchen und Notizen über das Zaubern, die du beim Erlernen des Hexenhandwerks hilfreich findest.

## DIE VERWENDUNG DEINES BUCHS

Dein Buch der Schatten ist dein persönliches Zauberbuch, also nimm dir für seine Gestaltung Zeit, damit es einzigartig wird und dir etwas bedeutet. Zunächst suche dir ein Notizbuch aus, das dir gefällt (am besten ein gebundenes mit leeren Seiten, denen du bei Bedarf noch weitere hinzufügen kannst). Manche Geschäfte verkaufen in Leder gebundene Notizbücher, die sich für diesen Zweck gut eignen. Dann verziere das Buch, wenn du möchtest – zum Beispiel mit Glitzerstaub oder Bildern, die dich ansprechen. Oder du suchst dir lediglich einen besonderen Stift zum Hineinschreiben aus. Die Hauptsache dabei ist, dass es sich für dich richtig anfühlt und du das Buch später auch benutzt. Lass dir von niemandem vorschreiben, was für eine Farbe oder Größe es haben muss – es sollte einfach nur für dich einzigartig sein.

Wenn dein Buch fertig ist, schreib die Zaubersprüche, mit denen du bereits Erfolg hattest oder, die du ausprobieren möchtest, hinein, oder notiere darin Hexenwissen, das du für deine Zauberkunst nutzen willst. Du kannst es in mehrere Teile für die verschiedenen Jahreszeiten oder Arten von Magie untergliedern. Behandle es wie dein Tagebuch – mache es zu einem wertvollen Gegenstand für deine Hexerei und für das, was du gerne an deinem Leben ändern möchtest. Du kannst auch Bilder von Dingen, die du erreichen willst, hineinkleben oder gepresste Kräuter und Blumen, die du für deine Zauber einsetzt.

## EIGENE ZAUBERSPRÜCHE KREIEREN

Wenn du das Hexenhandwerk schon etwas beherrschst, möchtest du bestimmt irgendwann eigene Zauber schreiben. Mit diesem Buch habe ich zwar versucht, so viele Eventualitäten wie möglich abzudecken, aber wenn die Umstände nach Zaubersprüchen verlangen, die nicht hier aufgeführt sind, kannst du ganz leicht eigene kreieren. Nutze dafür die Mondphasen, Wochentage, Kerzen in verschiedenen Farben und alle anderen Faktoren und Zutaten, die in diesem Buch beschrieben werden und formuliere den Spruch in deinen eigenen Worten passend zur jeweiligen Situation. Ein Zauberspruch muss sich nicht unbedingt reimen – doch wenn er es tut, kann man ihn sich besser merken und es macht mehr Spaß, ihn aufzusagen oder zu singen. Du solltest lediglich darauf achten, ganz präzise damit zu sein, was er bewirken soll.

# 2.

# ZAUBER FÜR FREUND UND FEIND

Jeder verdient es, fair behandelt zu werden und von positiven Leuten umgeben zu sein, die ihn unterstützen. Durch deine Magie kannst du den Menschen in deinem Leben, die für dich da sind, etwas zurückgeben.

Spürst du, dass in eurer Freundschaft gerade nicht alles so ist, wie es sein sollte, dann denke erst genau über die Situation nach, bevor du einen Zauber wirkst. Wende nie kurz nach einem Streit Magie an oder wenn du verärgert oder gereizt bist. Bevor du entscheidest, was zu tun ist, beruhige dich erst einmal und wäge alle möglichen Lösungen für das Problem gegeneinander ab. Sprichst du schließlich einen Zauber aus, so sei dir darüber im Klaren, was er bewirken soll und formuliere ihn mit einer eindeutigen Absicht.

Genau wie bei Liebeszaubern solltest du auch vorsichtig sein, wenn du deine Freunde und Feinde mit einem Zauber belegst. Denk an die Regel der dreifachen Wiederkehr und tue es nur mit guten Absichten.

# FREUNDSCHAFTEN SCHLIESSEN

Während einige Leute sehr leicht Freunde finden, fällt das vielen anderen schwerer. Vielleicht bist du schüchtern, oder hast Angst davor, den ersten Schritt zu machen. Vielleicht musstest du auch aus deiner Heimatstadt wegziehen oder hast gerade einen neuen Job angefangen. Dieser Zauber hilft dir, neue Freundschaften zu schließen und aufrecht zu erhalten.

## DAS BRAUCHST DU:

- eine unbeschriebene Postkarte
- einen goldenen Stift
- ein Lorbeerblatt
- durchsichtigen Klebstreifen
- eine 30 cm lange, goldene Schnur

## SO FUNKTIONIERT ES:

Wende diesen Zauber an einem Sonntag oder Mittwoch oder bei Neu- oder Vollmond an. Die Postkarte brauchst du, um darauf deine Bitte um neue Freunde zu schreiben, die du gerne kennenlernen würdest. Nimm den goldenen Stift zur Hand und schreibe das Wort „GESUCHT“ oben auf die Karte, dann unterstreiche es. Darunter notiere, welche Art Freunde du gerne in deinem Leben hättest. Der Text könnte in etwa so lauten:

*GESUCHT*
*Nette und einfühlsame Freunde,*
*die mich so mögen, wie ich bin.*
*Neue Freunde, auf die ich mich verlassen kann,*
*mit denen ich ausgehe und Spaß habe.*

Wenn das erledigt ist, klebe das Lorbeerblatt auf die Postkarte. Dann rolle sie vorsichtig zusammen und binde die goldene Schnur darum. Lass die Papierrolle 24 Stunden auf der Fensterbank in deinem Schlafzimmer liegen, sodass die Botschaft ins Universum getragen werden kann, später platziere sie an einer geeigneten Stelle im Raum. Schon bald werden neue Freunde in dein Leben treten.

# WIEDERGUT-MACHUNGSZAUBER

Wir alle sind mal ein bisschen jähzornig und sagen Dinge, die wir nicht wirklich so meinen. Dieser Zauber nimmt alle Beleidigungen zurück, die dein/e Partner/in oder Freund/in und du euch beim letzten großen Krach an den Kopf geworfen habt und von denen ihr vielleicht manche inzwischen bereut. Wenn eine Entschuldigung nicht ausreicht, so wende diesen Wiedergutmachungszauber an.

**DAS BRAUCHST DU:**

- eine Handvoll Salz
- einen Handspiegel

**SO FUNKTIONIERT ES:**

Führe diesen Zauber bei Neumond aus. Als Erstes finde einen Ort, an dem du zehn Minuten lang ungestört sitzen kannst. Dann zieh um dich und den Spiegel einen Kreis aus Salz. Sieh in den Spiegel und versuche, hinter dein eigenes Spiegelbild zu blicken. Vielleicht verschwimmt alles vor deinen Augen und dir kommen die Tränen – das bedeutet einfach, dass du es richtig machst. Nun sag folgenden Spruch:

*Spiegel, Spiegel, in den ich seh,*
*bitte tu, was ich befehl,*
*Durch meiner Gedanken Macht,*
*nimm zurück, was wir gesagt.*

Wiederhole diese Worte fünfmal und dreh danach den Spiegel um, sodass du dich nicht mehr in ihm sehen kannst. Damit ist der Wiedergutmachungszauber abgeschlossen und ihr werdet weitermachen können, als sei nie etwas passiert.

# BESCHÜTZE DEINE FREUNDE

Deine Freunde mögen nichts mit Hexerei am Hut haben, aber trotzdem kannst du ihnen mit ein bisschen praktischer Magie helfen, wenn sie gerade eine schwierige Zeit durchmachen. Die einzige Voraussetzung beim Wirken von Zaubern für eine andere Person ist, dass du ihre Erlaubnis dazu hast. Du brauchst nicht zu sagen „Weißt du, ich bin eine Hexe und ich kann einen Zauber aussprechen, durch den sich für dich alles zum Guten wendet." Dass die Person sich dir anvertraut hat, reicht völlig aus. Biete an, ihr zu helfen und wenn sie fragt, wie du das anstellen willst, antworte einfach: „Ich werde sehen, was ich tun kann." Mit der Zeit werden deine Freunde, falls und wenn sie deine magischen Kräfte entdecken, automatisch zu dir kommen, damit du ihre Probleme löst. Das ist in Ordnung, aber vergewissere dich immer, dass es sich dabei um solche handelt, bei denen sie wirklich Hilfe nötig haben und sie nicht einfach nur zu faul sind, sie selbst in Angriff zu nehmen.

**DAS BRAUCHST DU:**

- silbernen Glitzerstaub
- etwas weiche Modelliermasse
- ein Lorbeerblatt
- ein weißes Teelicht
- Streichhölzer oder ein Feuerzeug

**SO FUNKTIONIERT ES:**

Dieser Zauber kann an jedem Tag und bei allen Mondphasen ausgeführt werden. Zuerst nimm etwas von dem silbernen Glitzerstaub in die Hand und rolle dann die weiche Modelliermasse zwischen den Händen hin und her. Während du das tust, denke an das Problem deines/r Freundes/in. Vielleicht hat er/sie Beziehungsprobleme, Probleme mit den Eltern oder in der Schule/bei der Arbeit. Welcher Art die Schwierigkeiten auch sein mögen, konzentriere dich auf die Worte, die er/sie bei der Schilderung des Problems benutzt hat. Als Nächstes forme aus der glitzernden Modelliermasse eine kleine Figur – sie steht für deine/n Freund/in – und stelle sie auf das Lorbeerblatt. Platziere beides neben dem weißen Teelicht und entzünde es. Nun sprich folgende Worte:

*Göttin Athena, bitte komm [Name] zu Hilfe.*
*Nimm dich an des Problems und*
*bring Trost und Heilung ihm/ihr,*
*sodass seine/ihre Schwierigkeiten*
*sich in Luft auflösen.*
*Von seinen/ihren Sorgen befreie ihn/sie,*
*und nimm hinfort seinen/ihren Kummer.*
*Mögest du bei meiner Aufgabe*
*zur Seite mir stehen.*
*Ich danke dir, so sei es.*

Lass die Kerze sicher herunterbrennen. Dann leg das Lorbeerblatt auf ein Fenstersims, das morgens von der Sonne beschienen wird und stell die Figur aus Modelliermasse darauf. Schon bald wird für deine/n Freund/in alles leichter werden.

Bitte denk aber daran: Dieser Zauber ist kein Ersatz für medizinischen Rat. Wenn du das Gefühl hast, dass dein/e Freund/in einen Arzt aufsuchen sollte, so sorge dafür, dass er/sie es auch tut.

# KENNE DEINEN FEIND

Wenn du gerade eine Pechsträhne hast, dann könnte es sein, dass jemand dich mit einem Bann belegt hat. Es ist wichtig, zu wissen, wer deine Feinde sind – einfach zu raten bringt nichts, da du so den Zauber vielleicht an die falsche Person aussendest und dann trifft er letztendlich dich. Der folgende Zauber fügt niemandem Schaden zu, er schickt lediglich die negativen Energien zurück an deinen Feind.

**DAS BRAUCHST DU:**

- eine Handvoll Salz
- einen Kosmetikspiegel mit Ständer
- eine schwarze Kerze
- Streichhölzer oder ein Feuerzeug

**SO FUNKTIONIERT ES:**

Wende diesen Zauber an einem Samstag oder bei abnehmendem Mond an. Zuallererst musst du dafür sorgen, dass du selbst geschützt bist. Dafür zieh einfach einen Kreis aus Salz um dich und bitte die Göttin, dich zu beschützen, während du den Zauber ausführst. Stelle den Spiegel hinter die schwarze Kerze. Starre in die Flamme und singe dreimal die folgenden Worte:

*Mit dem Schlag der drei,*
*es sei für alle Zeit vorbei.*
*Zurück zu deinem Ursprung kehr*
*und komm zu mir nimmermehr.*
*Eins, zwei, drei.*

Klatsche dreimal über der Kerze in die Hände und lass sie vollständig herunterbrennen – bewege den Spiegel nicht, bis das geschehen ist. So kehrt das Pech, das dir geschickt wurde, an seinen Ursprungsort zurück.

# NUR GUTE FREUNDE

Wenn Freunde einfach nicht einsehen wollen, dass du keine romantischen Gefühle für sie hegst, so kannst du diesen Zauber wirken. Durch ihn werden sie verstehen, dass du lediglich gut mit ihnen befreundet sein möchtest und mehr nicht.

**DAS BRAUCHST DU:**

- einen persönlichen Gegenstand von ihnen (etwa ein Foto, ein Geschenk, Schmuck oder ein Kleidungsstück)
- einen persönlichen Gegenstand von dir
- ein weißes Teelicht
- ein Jasmin-Räucherstäbchen
- Streichhölzer oder ein Feuerzeug

**SO FUNKTIONIERT ES:**

Dieser Zauber sollte bei abnehmendem Mond angewandt werden. Zunächst leg die persönlichen Gegenstände vor das Teelicht. Anschließend entzünde erst das Teelicht und danach das Räucherstäbchen, indem du die Flamme des Teelichts verwendest. Schwenke das Räucherstäbchen über den beiden persönlichen Gegenständen hin und her und sprich die folgenden Worte:

*Ich weiß, dass du liebst mich,*
*und im Grund' lieb ich auch dich.*
*Doch sind meine Gefühle nur,*
*gar rein platonischer Natur.*
*Was im Moment wir haben,*
*lass uns verderben nicht.*
*Woll'n gute Freunde bleiben,*
*immer und ewiglich.*

Lass die Kerze herunterbrennen, dann lege die persönlichen Gegenstände an ihren ursprünglichen Platz zurück. Schon bald wird deinem/r Freund/in klar werden, dass du zwar nicht an einer Liebesbeziehung interessiert bist, aber immer für ihn/ sie da sein wirst.

# SCHLUSS MIT DEM KLATSCH!

Wir alle erfahren gerne pikante Details aus anderer Leute Privatleben. Doch wenn daraus fiese Lästereien werden, dann kann das für das Opfer verletzend und destruktiv sein. Greift dich jemand an, indem er Gerüchte über dich verbreitet, so bediene dich diesen einfachen Zaubers, um dem Getratsche ein Ende zu machen und dich vor seinem Urheber zu schützen.

**DAS BRAUCHST DU:**

- ein Stück Papier mit dem Namen der Klatschtante darauf
- eine Rührschüssel
- eine rote Paprika
- eine grüne Paprika
- eine große Zwiebel
- ein Messer
- einen Teelöffel Pfeffer
- einen Kühl- oder Gefrierschrank

**SO FUNKTIONIERT ES:**

Führe diesen Zauber an einem Samstag aus. Schneide zunächst die Paprika und die Zwiebel klein. Dann lege das Stück Papier in die Schüssel und verteile das kleingeschnittene Gemüse darauf. Als nächstes, füge den Teelöffel Pfeffer hinzu und vermische alles gut miteinander. Der Pfeffer ist hier die bannende Zutat und die Zwiebel die beschützende.

Während du umrührst, sprich folgende Worte:

*Mögest du dir an deinen Lästereien die Zunge verbrennen,*
*mögen deine Worte auf dich zurückfallen,*
*mögest du den Schmerz erleben, den du verursacht*
*und nie wieder Anderen Kummer bereiten.*

Stelle die Schüssel mit ihrem Inhalt 24 Stunden lang in den Kühl- oder Gefrierschrank. Danach entsorge das Gemisch im Mülleimer.

# LIEBE-DICH-SELBST ZAUBER

Wir können nur dann eine glückliche Beziehung führen, wenn wir uns auch selbst lieben. Klar, jeder hat so seine Schwächen, aber lass diese bloß nicht dein Selbstwertgefühl schmälern. Hier ist ein Zauber, der es in Zeiten stärkt, wenn du mit dir unzufrieden bist.

**DAS BRAUCHST DU:**

- einen Strauß bunte Blumen
- fünf weiße Teelichter
- einen großen Spiegel

**SO FUNKTIONIERT ES:**

Wirke diesen Zauber zu einer Zeit, wenn du ungestört bist. Ordne die Blumen in einem Kreis auf dem Boden an, der für dich groß genug zum Hineinsetzen ist. Dann arrangiere die Teelichter in einem kleineren Kreis innerhalb des Blumenkreises.

Nun stelle den Spiegel außerhalb der Kreise so auf, dass du dich in ihm sehen kannst, wenn du im Kreis sitzt. Anschließend nimm im Schneidersitz darin Platz und entzünde vorsichtig alle fünf Kerzen. Sieh dich selbst im Spiegel an und erkenne, wie schön du in Wirklichkeit bist. Erkenne deine innere Schönheit. Wiederhole den folgenden Gesang fünfmal:

*Ich bin wunderschön,*
*egal, was ihr auch sagt.*
*Bin voller Liebe zu mir selbst,*
*für immer, ganz und gar.*

Schließ die Augen und stelle dir vor, dass dich ein warmer, orangefarbener Glanz umgibt. Lass deinen Körper ihn in sich aufnehmen. Spüre, wie warm und angenehm es sich in dir anfühlt. Nun wurde deine innere Schönheit wiederhergestellt. Bleibe noch solange du möchtest in dem Kreis sitzen.

### Wusstest du schon?

Der Kreis stellt in der Hexerei ein wichtiges Symbol dar. Magische Kreise werden von Hexen oft bei Zusammenkünften gezogen, bei denen sie Rituale praktizieren, Feste begehen und ihre Zauberkräfte stärken. Häufig ziehen Hexen auch Kreise aus Salzwasser und Kerzen um sich, die ihrem Schutz dienen, während sie Magie anwenden.

# DAS SELBSTVERTRAUEN PUSHEN

Nur sehr wenige Menschen werden mit einem natürlichen Selbstvertrauen geboren, das sie neue Situationen völlig ohne Nervosität meistern lässt. Dem Rest von uns bleibt nichts anderes übrig, als so gut wie möglich ein solches vorzutäuschen, während wir innerlich gegen die Selbstzweifel ankämpfen, die diese Ängste auslösen. Der folgende Zauber ist wirklich einfach, und mit seiner Hilfe kannst du die Dinge angehen, die dich davon abhalten, dich von deiner besten Seite zu zeigen.

## DAS BRAUCHST DU:

einen ruhigen Ort, an den du dich für eine halbe Stunde zurückziehen kannst

## SO FUNKTIONIERT ES:

Dieser Zauber lässt sich überall und zu jeder Zeit anwenden. Schließ die Augen und stell dir eine große weiße Kinoleinwand vor. Projiziere alles darauf, was du an dir auszusetzen hast – sei es an deinem Körper oder an deinen Fähigkeiten; etwa, dass du glaubst, nicht hübsch, intelligent oder witzig genug zu sein.

Jetzt stell dir vor, du hältst einen Rotstift in der Hand. Streiche damit jedes negative Bild durch, sodass du es nicht mehr sehen kannst. Nun ist die Kinoleinwand wieder komplett weiß. Diesmal projiziere nur positive Bilder darauf. Lass bis ins letzte Detail alles, was wahr werden soll, auf der neuen Leinwand erscheinen.

Wenn du gerne größer, kleiner, dicker, dünner oder eleganter wärst oder gerne ein Niesen hättest, das weniger wie ein Nebelhorn klingt, so projiziere ein Bild deines „besten Ichs“ auf die Leinwand. Vergiss, dass es nicht „real“ ist, denn so wirst du dich zukünftig vor Anderen darstellen. Wenn du dieses Ritual zwei Wochen lang durchführst, wirst du merken, wie dein Selbstvertrauen und Selbstwertgefühl steigen – und anderen wird das ebenfalls auffallen.

### Wusstest du schon?

Viele Hexen haben in ihrem Zuhause einen Altar, an dem sie ihre Magie wirken und Symbole ihrer Macht aufbewahren; magische Schätze von Orten, die für sie von besonderer Bedeutung sind oder für bestimmte Heilungsmethoden notwendige Kristalle.

# DER HEXENKALENDER

Hexen stehen durch den sogenannten „Jahreskreis“ (symbolisiert durch das achtspeichige Wagenrad) in Verbindung mit der Erde und den Jahreszeiten. Dieser Kreis gliedert sich in einen jährlichen Zyklus von acht jahreszeitlichen Festtagen (Sabbaten), welche die Mitte oder den Wechsel der Jahreszeiten sowie die unterschiedlichen Mondphasen markieren. An den Sabbaten finden Hexenzusammenkünfte statt, bei denen den Göttern und Göttinnen und Mutter Natur gehuldigt wird.

**DIE VIER GROSSEN SABBATE**

Samhain: Das Druidenneujahr findet am 31. Oktober bei Sonnenuntergang statt und wird in vielen Kulturen als Halloween, Allerheiligen, oder Dia de los Muertos (Tag der Toten) gefeiert. Dieser Sabbat markiert den Aufstieg Samhains (des Fürsten der Finsternis) aus der Unterwelt und zeigt die dünne Trennlinie zwischen der Welt der Lebenden und dem Geisterreich auf. Mit ihm beginnen die dunkle Jahreshälfte sowie die Zeit des Gedenkens und Feierns geliebter Verstorbener.

Imbolc: Dieses am 2. Februar stattfindende Fest zu Ehren Brigids, der keltischen Göttin des Feuers und der Fruchtbarkeit, symbolisiert die zunehmenden Kräfte der Sonne und ist mit Mariä Lichtmess.

Beltane: Dieser Sabbat wurde ursprünglich am 5. Mai gefeiert, fällt aber mittlerweile mit dem Maifeiertag zusammen. Zum Sommerbeginn wird an Beltane dem Gott und der Göttin der Fruchtbarkeit gehuldigt.

Lammas: Dieser Festtag ist auch unter dem Namen Lughnasadh oder Schnitterfest bekannt und wird am 1. August begangen. Es ist der ersten Ernte der Saison gewidmet. An diesem Tag feiern Hexen die erste Weizenernte und die Gaben des Gottes und der Göttin.

**DIE VIER KLEINEN SABBATE**

Yule: Die Wintersonnwende (21. Dezember) ist der kürzeste Tag des Jahres. Hexen begehen diesen Feiertag unter anderem mit Mistelzweigen, Julklötzen und -bäumen und vielen Kerzen.

Ostara: Die Frühjahrstagundnachtgleiche (21. März) ist der Feiertag, an dem die Stunden des Tageslichts mit jenen der Dunkelheit im Gleichgewicht liegen.

Litha: Die Sommersonnenwende (21. Juni) markiert den Zenit der Sonne sowie den längsten Tag des Jahres.

Mabon: Die Herbsttagundnachtgleiche (21. September) ist ein Dankesfest für die eingetragene Ernte, das zu Ehren der Geburt Mabons, dem Sohn Modrons, der Göttin der Erde, gefeiert wird.

Da in der südlichen Hemisphäre die Jahreszeiten andersherum aufeinander folgen, feiern die Hexen dort auch die Feststage in umgekehrter Reihenfolge. Wird also in der nördlichen Hemisphäre gerade die Frühjahrstagundnachtgleiche begangen, so findet zu dieser Zeit in der südlichen die Herbsttagundnachtgleiche statt etc.

Du wirst lernen, in deiner Magie mit den Jahreszeiten und ihrem Wechsel zu arbeiten. Um ihre Macht und die Wirkung ihrer Zauber und Rituale zu verstärken, nutzen Hexen für ihre Magie häufig die Kreisläufe der Erde und die Mondphasen.

# MOBBING EIN ENDE SETZEN

Falls du gemobbt wirst, sei es in der Schule oder bei der Arbeit, dann ist der folgende Zauber genau der richtige. Da es sich dabei um weiße Magie handelt, schadest du niemandem, doch durch diesen mächtigen Zauber wird sich die Person, die dich mobbt, zweimal überlegen, ob sie das auch weiterhin tun will.

## DAS BRAUCHST DU:

- einen schwarzen Permanentmarker
- ein Stück weißes Papier
- eine Streichholzschachtel
- einen Beutel Salz
- eine schwarze Kerze
- einen Kerzenhalter
- einen kleinen Spiegel
- eine 15 cm lange, schwarze Schnur
- Streichhölzer oder ein Feuerzeug

## SO FUNKTIONIERT ES:

Vollführe diesen Zauber bei abnehmendem Mond oder Neumond. Zunächst nimm den schwarzen Permanentmarker und schreib damit in großen Buchstaben den Namen der Person, die dich mobbt, auf das Papier. Dann male die Streichholzschachtel mit dem Stift schwarz an. Anschließend setz dich auf den Boden und zieh einen Kreis aus Salz um dich. Platziere die schwarze Kerze (in einem Kerzenhalter), die Streichholzschachtel, den Spiegel und die schwarze Schnur ebenfalls innerhalb des Kreises. Entzünde die Kerze und zerreiße das Papier in kleine Schnipsel. Wenn das getan ist, lege alle Schnipsel in die Streichholzschachtel. Entnimm dem Kreis eine Prise Salz und fülle sie auch hinein. Nun binde die schwarze Schnur um die Streichholzschachtel, lege die Schachtel auf den Spiegel und sprich folgende Worte:

*Bei des Universums Macht,*
*du nun keine Kontrolle mehr über mich hast.*
*Ich sende den Schmerz zurück zu dir und banne dich,*
*du wirst erfahren, wie schikaniert zu werden anfühlt sich*
*und du wirst mich mobben nimmermehr.*
*So sei es.*

Blas die Kerze aus und tritt aus dem Kreis. Bring die Streichholzschachtel so weit weg von deinem Zuhause wie du kannst.

Dieser mächtige Zauber dient nicht nur zu deinem Schutz, er hindert die Person auch daran, dich jemals wieder zu mobben. Wenn dir jemand Schaden zufügt, egal ob körperlich oder emotional, solltest du aber dennoch zusätzlich aktiv werden, um dem ein Ende zu machen. Schon mit jemandem darüber zu sprechen, dem du vertraust, ist ein wichtiger Schritt und wird aller Magie, die du anwendest, noch mehr Macht verleihen.

# ÜBERZEUGUNGS-KRAFT

Es ist möglich, jemanden zu beeinflussen, ohne dass derjenige es merkt und der folgende Zauber dient genau diesem Zweck. Verwende ihn jedoch mit Bedacht – versuch nicht, jeden zu beeinflussen, der dir begegnet. Denn Magie sollte nicht die einfache Lösung für alles sein.

## DAS BRAUCHST DU:

- ein Blatt goldenes oder gelbes Papier
- eine Schere
- einen Stift
- neun goldene Teelichter
- Streichhölzer oder ein Feuerzeug

## SO FUNKTIONIERT ES:

Beginne mit diesem neuntägigen Zauber an einem Sonntag. Als Erstes schneide von dem goldenen oder gelben Blatt Papier einen 5 cm langen Streifen ab. Dann schreibe darauf den Namen der Person, die du beeinflussen willst und welches Ziel du mit dem Zauber verfolgst. Dann lege das Stück Papier auf eine Fensterbank oder an einen anderen Ort, wo es nicht bewegt wird (denn dieser Zauber muss für seine gesamte Dauer ungestört seine Wirkung entfalten können) und stelle die neun goldenen Teelichter darauf. An dem Sonntag, an dem du mit dem Zauber beginnst, entzünde das erste Teelicht und sprich neunmal folgende Worte:

*[Name der Person]*
*Du wirst erfüllen mein Begehren.*
*Du wirst stillen mein Verlangen.*
*Du kannst der Kraft nicht widerstehen.*
*Beuge dich der Macht der Flamme(n).*
*So sei es.*

Lass das Teelicht herunterbrennen und lass es anschließend so stehen. In den folgenden acht Nächten führe dasselbe Ritual aus, bis alle Teelichter heruntergebrannt sind. Dein Wunsch wird bald in Erfüllung gehen.

### Wusstest du schon?

Wie ist dein Hexenname? Wenn Hexen einem Zirkel beitreten oder ihr Können eine bestimmte Stufe erreicht, geben sich viele Hexen einen magischen Namen. Seine Wahl erfolgt durch Meditation, Visualisierung oder Hellsehen und wird aufgrund seiner Macht meist geheim gehalten.

# SICH RAUM VERSCHAFFEN

Manche Leute akzeptieren einfach kein „Nein“ als Antwort, oder? Wenn auch ein Wink mit dem Zaunpfahl nichts nützt, hält dieser Zauber Andere davon ab, dir mit ihren Problemen in den Ohren zu liegen.

## DAS BRAUCHST DU:

- einen Teelöffel Meersalz
- eine dunkelblaue Kerze
- Streichhölzer oder ein Feuerzeug
- zwei Tropfen Lavendelöl
- ein Haar von der Person, die dich belästigt (oder ein Dokument mit ihrer Handschrift darauf)
- eine feuerfeste Schüssel

## SO FUNKTIONIERT ES:

Wirke diesen Zauber bei abnehmendem Mond und wenn möglich an einem Samstag. Ein Haar der betreffenden Person bekommst du aus ihrer Haarbürste oder von ihrer Kleidung. Falls dir das nicht gelingt, besorg dir ein Dokument mit ihrer Unterschrift oder wenigstens ihrer Handschrift darauf. Als erstes zieh um die blaue Kerze einen Kreis aus Salz – er dient deinem Schutz. Entzünde die Kerze, dann reibe deine Hände mit dem Lavendelöl ein – dies bewahrt dich ebenso vor jeglichen negativen Reaktionen.

Als Nächstes nimm das Haar oder das Dokument mit der Handschrift und stecke es mit der Kerze in Brand. Dann lass es vollständig in der feuerfesten Schüssel verbrennen. Sprich dreimal folgende Worte:

*[Name der Person] entschwinde aus meinem Leben,*
*die Zeit ist gekommen, um weiterzugehen*
*und lass mich dasselbe tun.*
*Für immer sollst entfernen dich*
*und nie wieder plagen mich.*

Lass die Kerze ganz herunterbrennen und entsorge danach sofort den Wachsrest. Diesen Zauber solltest du wirklich nur anwenden, wenn du gar nichts mehr mit der betreffenden Person zu tun haben willst.

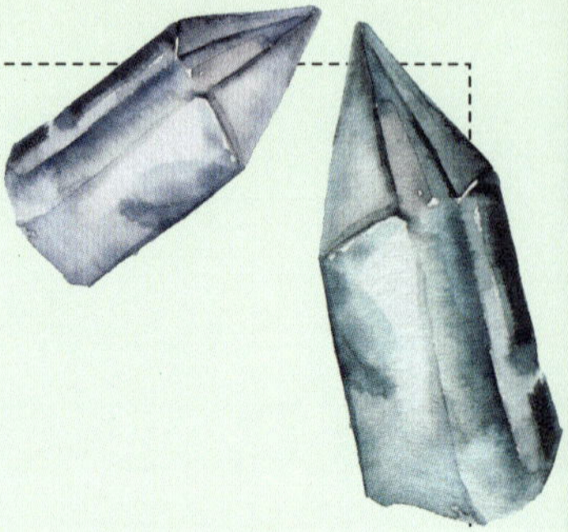

# DIE MAGIE DER EDELSTEINE

Trägst du oft kostbare Edelsteine? Fühlst du dich von ihnen angezogen, sammelst oder bekommst sie von den Menschen geschenkt, die dich kennen und lieben? Schon von Kinderbeinen an sind wir instinktiv fasziniert von Edelsteinen und Perlen, die unsere Erde hervorbringt, denn sie besitzen große Macht.

Edelsteine wurden von weisen Männern und Frauen bereits in uralten Zeiten als Schutztalismane, Symbole der Macht und Bestandteil ritueller Magie verwendet. Diese erforschten deren Eigenschaften und Heilpotenzial und schrieben ihnen eine vielseitige Wirkung zu.

Frühe Schriften aus antiken Zivilisationen listen Edelsteine auf, die mit Fruchtbarkeit und Geburt in Verbindung gebracht werden und in allen Kulturen gibt es, was sie anbelangt, eigene Mythen. Im alten Ägypten dienten Edelsteine oft als Schmuck oder Grabbeigabe für die Toten. Während der grüne Malachit als Verzierung des Kopfschmucks der Pharaonen seinen Trägern Weisheit und geistige Macht verleihen sollte, wurde der blaue Lapislazuli häufig bei symbolischem Schmuck und Totems verwendet, da er für Wahrheit, spirituelle Entwicklung, Liebe und Frieden stand.

Ostasiatische Legenden erwähnen Drachen mit Perlen, die Wünsche erfüllen, König Salomon wiederum hatte angeblich einen Smaragd, der ihm Macht über die gesamte Welt verlieh.

In der modernen Hexerei sind folgende Edelsteine sehr beliebt:

Der Amethyst, auch bekannt als der Allzweck-Stein: er kann getragen oder in deinem Zuhause aufgestellt werden und sorgt für Gelassenheit sowie für positive Gedanken und Träume.

Der Zitrin ist ein gelber (sein Farbton kann von zitronengelb bis fast braun-orange reichen) Kristall, der Glück und Wärme anzieht. Zuhause oder am Arbeitsplatz aufbewahrt fördert er die zwischenmenschliche Verständigung.

Der Jaspis erdet seinen Träger und stellt sein Gleichgewicht wieder her. Da er für Verantwortung und Organisationstalent steht, wird er oft bei Zaubern eingesetzt, die mit dem Arbeitsleben zu tun haben.

Der Hämatit ist magnetisch und wird bei Anziehungszaubern verwendet.

Der Mondstein hat eine milchige Farbe und steht für die Macht des Mondes, Intuition, Hellsicht und Empathie.

Der Peridot ist ein grüner Stein, der Wachstum, Wohlstand und Erfolg anzieht.

Der (klare) Quarz ist auch unter dem Namen „Meisterheiler“ bekannt und fördert die innere Reinigung, Heilung und Energie.

Der Turmalin reinigt die Aura, hilft beim Ablegen von negativen Angewohnheiten und bewahrt seinen Träger vor Unheil.

Die Heilsteine können als magische Amulette getragen, an wichtigen Orten zuhause oder am Arbeitsplatz platziert oder zur Verstärkung der Energie eines Zaubers oder Rituals eingesetzt werden. Wie bei den meisten magischen Werkzeugen solltest du den Stein auswählen, der deine Energien am besten kanalisiert und sich für deine Zwecke eignet.

# 3.

# ZAUBER FÜR DEN JOB

In der Magie dreht sich alles um Selbstverwirklichung und Erfüllung, also ist es sinnvoll, dass du deine Kräfte und kreativen Energien nutzt, um in der Arbeitswelt dein volles Potenzial auszuschöpfen. Ob du nun dein eignes Unternehmen aufbauen, eine neue Karriere starten oder einfach eine Beförderung bekommen möchtest – hier sind ein paar Superzauber, die dir den Weg ebnen.

Denke jedoch bei der Vollführung eines Zaubers immer daran, auch den Botschaften aus der Welt um dich herum Gehör zu schenken – deine Träume von einer großen Karriere werden nämlich nur wahr, wenn du das auch wirklich möch test und nicht einfach glaubst, die Erwartungen anderer erfüllen oder ein bestimmtes Leben führen zu müssen. Außerdem solltest du nicht vergessen, dass die Magie dir stets nur das liefert, was du wirklich brauchst. Kein Zauberspruch der Welt kann dir bis Ende der Woche einen Job mit sechsstelligem Jahresgehalt verschaffen.

# BEKOMM-DEN-JOB ZAUBER

Gibst du dein Gehalt schon aus, wenn es noch nicht einmal auf deinem Konto ist? Hast du die Nase voll davon, dich in einem Job abzurackern, der obendrein noch mies bezahlt ist? Oder hast du einfach keine Lust mehr, dauernd pleite zu sein und dir Geld leihen zu müssen? Durch diesen Zauber bekommst du einen Job, der deinen Bedürfnissen entspricht- ob die nun sind, für den täglichen Lebensunterhalt aufzukommen oder endlich deinen Traumurlaub zu machen.

## DAS BRAUCHST DU:

- ein grünes Stück Papier
- einen goldenen Stift
- drei Minzblätter
- einen Teelöffel getrockneten Salbei
- eine goldene oder silberne Kerze
- einen Kerzenhalter
- Streichhölzer oder ein Feuerzeug

## SO FUNKTIONIERT ES:

Dieser Zauber sollte bei Vollmond, zunehmendem Mond oder an einem Donnerstag angewandt werden. Zuerst zeichne mit dem goldenen Stift in die Mitte des Papiers ein großes Pentagramm – das ist ein Kreis mit einem fünfzackigen Stern darin. Ins Zentrum des Pentagramms notiere das Wort JOB; achte darauf, dass der Stern nach oben zeigt. Schreibe um das Wort herum, welche Art von Job du dir wünschst: Möchtest du Teilzeit, Vollzeit, in einem Büro oder im Freien arbeiten; wie viele Stunden soll deine Arbeitswoche haben, wie hoch soll das Gehalt sein und so weiter. Dann zerreiße die Minzblätter in kleine Stücke und streue diese zusammen mit dem getrockneten Salbei in das Pentagramm. Anschließend stelle die Kerze in einem Kerzenhalter auf die Kräuter und entzünde die Kerze.

Sprich die folgenden Worte:

*Göttin Morrigan, erhör meine Bitte,*
*lass mich finden den Job meiner Wünsche.*
*Verschaff mir die Arbeit, die zusagen wird mir,*
*im Himmel der Götter, ich rufe zu dir.*

Lass die Kerze herunterbrennen. Danach nimm vorsichtig das Blatt mit den Kräutern, geh damit zum nächsten Fenster, öffne es und blas sie in die Luft.

Schon bald wirst du von einem idealen Job für dich hören oder ein entsprechendes Stellenangebot sehen.

## Wusstest du schon?

Im Christentum galt das Pentagramm einst als religiöses Symbol, dessen Sternspitzen für die fünf Wunden Christi standen. Für Hexen hingegen symbolisieren die fünf Spitzen jedoch die vier archetypischen Elemente Wasser, Feuer, Erde und Luft, die vom fünften Element Geist (auch Äther genannt) gekrönt werden. Ein Pentagramm, bei dem eine Sternspitze nach unten zeigt, bedeutet schwarze Magie, also achte darauf, es immer mit einer Sternspitze nach oben zeigend zu zeichnen.

# BEWERBUNGS-GESPRÄCH-MAGIE

Dies ist ein bewährter Zauber, zu dem ich schon vielen Menschen für ein erfolgreiches Vorstellungs- oder Beförderungsgespräch geraten habe. Alle, die ihn ausprobiert haben, wurden entweder eingestellt oder sind eine Sprosse auf der Karriereleiter nach oben geklettert.

**DAS BRAUCHST DU:**

- eine Streichholzschachtel
- eine Prise gehackte Minze
- eine Prise gehackten Rosmarin
- eine Prise Zimt
- eine kleine Silbermünze
- etwas Salzwasser (zwei Teelöffel Salz auf 50 ml Wasser)
- ein kleines Stück blaues Geschenkpapier
- eine blaue Schnur
- eine blaue Kerze
- Streichhölzer oder ein Feuerzeug

**SO FUNKTIONIERT ES:**

Bereite diesen Zauber am Abend vor deinem Bewerbungsgespräch vor. Öffne zunächst die Streichholzschachtel und streue die Kräuter und Gewürze hinein. Als Nächstes reinige die Silbermünze im Salzwasser, um sie von allen negativen Energien zu befreien und lege sie dann in die Streichholzschachtel. Nun packe diese in das Geschenkpapier ein, so dass sie wie ein kleines Päckchen aussieht und binde alles sorgfältig mit der Schnur zu. Dann entzünde die blaue Kerze und sprich dreimal folgende Worte:

*Mein Tor zur Zukunft ist geöffnet weit,*
*die Wohlstand und Erfüllung hält bereit.*
*Dein Licht die Richtung mir soll weisen,*
*sodass den Weg dorthin ich kann beschreiten.*

Lass die Kerze herunterbrennen. Bevor du dich schlafen legst, schüttle die Streichholzschachtel dreimal, dann schlafe mit ihr unter dem Kopfkissen. Vor dem Bewerbungsgespräch am nächsten Tag schüttle die Schachtel erneut dreimal. Blau ist die Farbe des Erfolgs am Arbeitsplatz, also trage an diesem Tag für eine Extraportion Glück etwas in dieser Farbe. Es kann ein Kleidungsstück oder ein Accessoire sein.

Nun sollte bei deinem Gespräch alles wie am Schnürchen klappen. Falls du den Job trotzdem nicht bekommen solltest, brauchst du dir dennoch keine Sorgen zu machen: Das bedeutet keinesfalls, dass der Zauber nicht funktioniert hat, sondern nur, dass dieser spezielle Job nicht für dich bestimmt war und du bereits einen besseren in Aussicht hast.

# ZAUBER FÜR GESCHÄFTLICHE ANGELEGENHEITEN

Dieser Zauber bringt dir Glück für deine Firma, Karriere oder jegliches Bestreben, mit dem du Geld verdienst (oder zu verdienen hoffst).

**DAS BRAUCHST DU:**

- ein Stück weiße Pappe
- einen Stift
- vier silberne Sterne (diese sind in den meisten Schreibwarenläden erhältlich)
- Klebstoff
- eine Silbermünze

**SO FUNKTIONIERT ES:**

Vollführe diesen Zauber an einem Donnerstagabend oder bei zunehmendem Mond. Schreibe zunächst alles auf, was du dir für dein Unternehmen wünschst. Mehr Kunden? Mehr Geld? Mehr Freizeit? Die Eröffnung eines eigenen Ladens? Die Möglichkeit von zuhause zu arbeiten?

Denke an die Zukunft und visualisiere, wie sich dein Unternehmen in den nächsten Jahren entwickeln soll. Egal was du dir erreichen willst, notiere alles auf dem Stück Pappe. Klebe in jede seiner Ecken einen silbernen Stern und auf die Rückseite die Silbermünze. Dann schließ die Augen und sprich:

*Dies Manifest steht für die Wünsche für mein Unternehmen,*
*Möget ihr, Gott und Göttin, mit der Erfüllung mich segnen,*
*Möget ihr meine Träume manifestieren,*
*sodass wahr wird, was ich geschrieben.*
*So sei es.*

Bewahre das Stück Pappe an einem sicheren Ort an deinem Arbeitsplatz auf – etwa im Schreibtisch oder bei deiner Arbeitsausrüstung. Von nun an wirst du Gelegenheiten anziehen, durch die sich deine Wünsche erfüllen und schon bald wirst du sie nacheinander von der Liste auf deiner Glückskarte streichen können.

### Wusstest du schon?

Silbermünzen symbolisieren nicht nur Glück, sondern leiten auch Energie, sodass sie sich ausgezeichnet dazu eignen, um die Wirkung deiner Zaubersprüche zu verstärken.

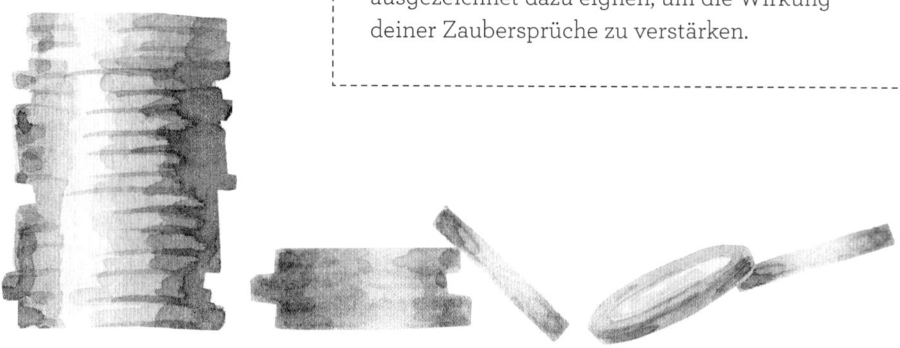

# KERZENZAUBER FÜR DEINE KARRIERE

Wenn du gerne beruflich voranzukommen würdest, so wende diesen Zauber an, denn er sorgt für bessere Karrierechancen.

**DAS BRAUCHST DU:**

- drei Lorbeerblätter
- einen Kieselstein
- einen goldenen Stift
- eine goldene Kerze
- Streichhölzer oder ein Feuerzeug

**SO FUNKTIONIERT ES:**

Dieser Zauber sollte an einem Sonntag oder bei Vollmond gewirkt werden. Zu Beginn ordne die drei Lorbeerblätter in einem Dreieck an. Als Nächstes schreibe mit dem goldenen Stift das Wort „Glück" auf den Kiesel und lege ihn in die Mitte des Dreiecks. Dann stelle die goldene Kerze hinter das Arrangement und entzünde sie. Sprich dreimal die folgenden Worte:

*Bei des Lichtes gülden Schein,*
*strahlend soll meine Karriere sein.*
*Glänzende Chancen wirst du mir geben,*
*die gleißend hell erleuchten mein Leben.*

Lass die Kerze ganz herunterbrennen, anschließend wirf die Lorbeerblätter und den Wachsrest weg. Lege den Kiesel in deine Geldbörse, Brief- oder Handtasche und immer, wenn du daran denkst, reibe den Stein. Das bringt zusätzlich Glück.

# GLÜCKLICHE REISE-ZAUBER

Wenn du viel unterwegs bist, ist das der perfekte Zauber um sicher zu gehen, dass deine Reise reibungslos und zu deiner Zufriedenheit verläuft – ein Reisender sollte nie ohne ihn auskommen müssen.

**DAS BRAUCHST DU:**

- vier etwa 7,5 cm lange Stöcke
- zwei Lavendelzweige
- einen Meter grüne Schnur
- drei Tropfen Lavendelöl

**SO FUNKTIONIERT ES:**

Dieses Amulett sollte an einem Donnerstag hergestellt werden. Als Erstes ordne die vier Stöcke zu einem Kompass an (sodass sie ein Kreuz bilden). Lege die zwei Lavendelzweige auf zwei der Stöcke, die sich in der Mitte des Kompasses schneiden. Dann binde mit der grünen Schnur die Stöcke und den Lavendel zusammen, sodass das Arrangement wirklich wie ein Kompass aussieht. Salbe den Kompass mit dem Lavendelöl und sprich folgende Worte:

*Lieber Erzengel Raphael,*
*segne dieses Amulett mit deinem Schutz*
*und behüte mich auf meiner Reise,*
*von Nord nach Süd und Ost nach West.*
*Leite mich, sodass ich sicher reise und zurückkehre.*

Nimm dein Glücksamulett auf alle deine Reisen mit. Bei Autofahrten häng es an einem Extrastück Schnur irgendwo auf, wo es dich nicht ablenkt. Wenn der Lavendelduft nachlässt, weihe den Kompass erneut und wiederhole den Zauberspruch.

# UMKEHRZAUBER

Keiner von uns kann mit Sicherheit voraussagen, welche Auswirkungen Entscheidungen, die wir treffen, haben werden; und wenn wir Pech haben, bereuen wir sie später. Dieser Zauber ist für die Gelegenheiten gedacht, wenn du etwas Unüberlegtes getan hast, von dem du dir hinterher wünschst, du hättest es sein gelassen. Hast du vielleicht deinen Job hingeschmissen, deinen Schatz vor die Tür gesetzt oder etwas in der Richtung? Dann wird dieser Kerzenzauber alles zum Guten wenden.

**DAS BRAUCHST DU:**

- sechs weiße Kerzen
- Streichhölzer oder ein Feuerzeug

**SO FUNKTIONIERT ES:**

Beginne mit diesem Zauber an einem Montag und wiederhole ihn fünf Tage lang. Versuche, ihn an den sechs Tagen jeweils zur selben Uhrzeit anzuwenden. Wähle dafür einen ruhigen Ort und eine Zeit, zu der du nicht gestört wirst. Dann entzünde die erste Kerze und sprich:

*Ich war sehr töricht,*
*doch nun bin ich gescheit.*
*Was ich getan mach ungescheh'n,*
*bring zurück die Vergangenheit.*
*Ich brauche eine zweite Chance,*
*Gott und Göttin, steht mir zur Seite.*

Wiederhole dieses Ritual fünf Tage lang. Nach den sechs Tagen wird etwas geschehen, wodurch sich alles wieder normalisiert. So wirst du vielleicht wiedereingestellt (oder findest einen neuen Job), oder dein Partner ruft dich an und ihr versöhnt euch. Abgesehen davon bin ich der festen Überzeugung, dass nichts ohne Grund geschieht. Obwohl du also möglicherweise bedauerst, was du gesagt oder getan hast, war es vielleicht einfach an der Zeit für eine Veränderung.

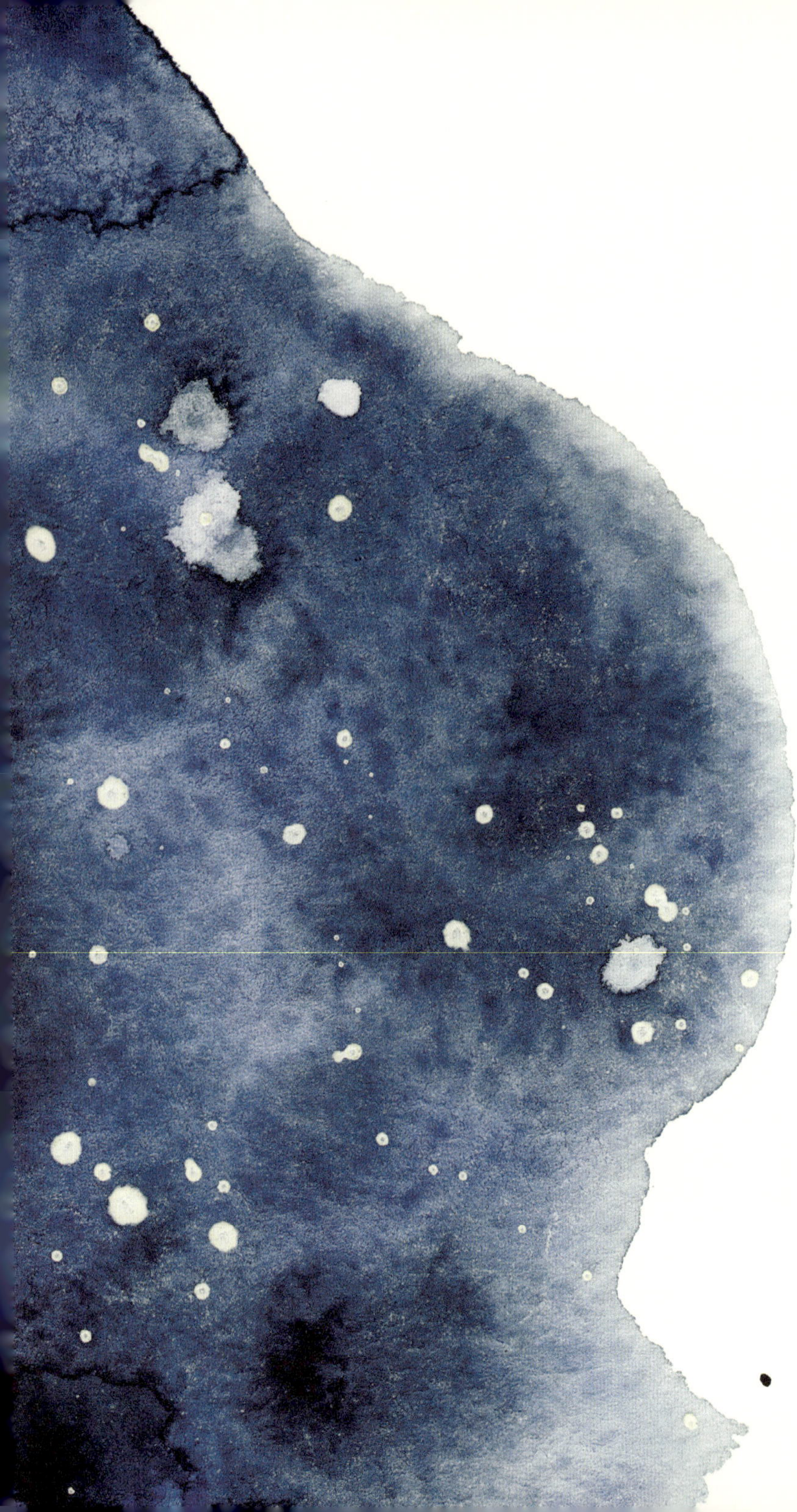

# ZAUBER FÜR EINEN NEUEN JOB

Arbeitslosigkeit ist eine der unangenehmsten Situationen, in denen man sich befinden kann; es ist deprimierend und frustrierend. Wenn du schon eine Weile keinen Job hast, so wirke diesen Zauber, damit das Blatt sich wendet.

**DAS BRAUCHST DU:**

- eine dunkelblaue Kerze
- ein Schreiben vom Arbeitsamt, das belegt, dass du arbeitslos bist
- einen Kristall
- einen Gefrierbeutel
- einen Kühl- oder Gefrierschrank
- Streichhölzer oder ein Feuerzeug

**SO FUNKTIONIERT ES:**

Führe diesen Zauber bei Neumond aus. Ordne zunächst die Gegenstände folgendermaßen an: Stelle die blaue Kerze nach hinten, platziere das Schreiben vom Arbeitsamt davor und lege den Kristall darauf. Dann entzünde die Kerze und blicke in den Kristall. Sende all deine Sorgen, die du wegen deiner Arbeitslosigkeit hast, an ihn. Lass ihn alles aufnehmen, was dir auf der Seele liegt. Wenn du dich dann bereit fühlst, sprich einmal folgende Worte:

*Dies ist nur eine Phase in meinem Leben,*
*so schnell sie gekommen, wird sie vergehen.*
*Nicht länger muss währen der Kummer mein,*
*der Kristall schließt all mein Pech in sich ein.*

Lass die Kerze vollständig herunterbrennen. Zum Schluss lege das Schreiben vom Arbeitsamt in den Gefrierbeutel, schließe ihn und lege ihn über Nacht in den Kühl- oder Gefrierschrank. Schon bald werden sich deine beruflichen Perspektiven verbessern.

# FÜR EIN ERFOLGREICHES VORSPRECHEN

Jeder braucht im Leben ein bisschen Glück, das gilt insbesondere für Vorsprechen. Vielleicht bist du angehende/r Schauspieler/in, Musiker/in oder Sänger/in. Egal, welches von den dreien der Fall ist, wenn du bei deinem nächsten Vorsprechen Erfolg haben willst, so kannst du auf diesen Zauber zurückgreifen ... Denk nur ab und zu an mich, wenn du dann in Hollywood durchstartest!

## DAS BRAUCHST DU:

- ein Stück goldene Pappe
- eine Schere
- einen Stift
- silberne Pailletten
- Klebstoff
- eine goldene Kerze
- eine silberne Kerze
- einen Meter dünne, goldene Schnur
- Streichhölzer oder ein Feuerzeug

## SO FUNKTIONIERT ES:

Dieser Zauber sollte an einem Sonntagabend oder bei Vollmond gewirkt werden. Zuerst schneide aus der Pappe einen großen Stern aus und schreibe in die Mitte deinen Namen. Beklebe den Stern überall mit silbernen Pailletten sodass er glitzert. Dann platziere ihn auf einer Fensterbank oder einem Tisch, stell die goldene Kerze links und die silberne Kerze rechts daneben und lege davor die goldene Schnur.

Entzünde beide Kerzen und sprich:

*Stern so licht, Stern so hell,*
*heut' Nacht mir meinen Wunsch erfüll.*
*Nur mir allein winkt großer Ruhm,*
*gewähr mir meine Bitte nun.*
*So sei es.*

Lass beide Kerzen herunterbrennen. Dann klebe den Stern an deine Schlafzimmertür und stelle dir diese als die Tür zu deiner Garderobe vor. Visualisiere, wie das Leben sein wird, wenn du Erfolg hast: Du wirst einen luxuriösen Wohnwagen und eine persönliche Assistentin haben, Autogramme geben, dich vor deinem applaudierenden Publikum verbeugen und so weiter.

Der Zauber ist nun vollendet. Du musst lediglich daran denken, zu den Vorsprechen die goldene Schnur mitzunehmen. Während du wartest, halte die Schnur in den Händen und mache dreizehn beliebige Knoten hinein. Wenn du sehr lange warten musst, löse die Knoten einen nach dem anderen und binde sie neu. Visualisiere dabei die ganze Zeit deinen Erfolg beim Publikum und dein Leben als Star.

# ERFOLG BEI DER PRÜFUNG

Wenn bei dir oder jemandem, den du kennst bald eine wichtige Prüfung ansteht, dann ist dieser Zauber ideal. Er eignet sich für alles von der Führerscheinprüfung bis zu den Abschlussklausuren an der Uni.

**DAS BRAUCHST DU:**

- eine goldene Kerze
- ein Zimt-Räucherstäbchen
- ein kleines Täschchen oder Beutelchen
- Streichhölzer oder ein Feuerzeug

**SO FUNKTIONIERT ES:**

Führe diesen Zauber an einem Mittwoch aus. Wähle dafür einen ruhigen Ort und eine Uhrzeit, zu der du für eine halbe Stunde ungestört sein kannst. Entzünde als Erstes die goldene Kerze und das Räucherstäbchen und schließ die Augen. Dann stell dir vor, wie du in dem Raum sitzt, in dem die Prüfung oder Klausur stattfindet. Konzentriere dich auf deinen Atem und lausche ihm, während du ein- und ausatmest. Achte darauf, nicht in die Brust, sondern in den Bauch zu atmen.

Stell dir vor, dass du völlig entspannt bist und die Prüfung oder Klausur schon viele Mal zu bestehen hattest, sodass du sie deshalb spielend leicht bewältigst. Wenn du der Meinung bist, alles ausreichend visualisiert zu haben, lass die Kerze zu einem 2,5 cm langen Stummel herunterbrennen. Diesen lege in das Täschchen oder Beutelchen und trage ihn bei der nächsten Prüfung oder Klausur bei dir.

Kurz vor deiner Prüfung nimm dir zehn Minuten Zeit, um nochmals die Bilder zu visualisieren, die du zu Beginn des Zaubers geschaffen hast. Sage dir selbst, dass du die Prüfung bereits bestanden hast und der Test nur noch reine Formsache ist. Vergiss nicht, auf deinen Atem zu achten und vor allem: Bleib locker.

# ZAUBER BEIM VERLUST DES JOBS

Obwohl uns das moderne Berufsleben ständig die Unsicherheit von Arbeitsplätzen vor Augen führt, kann es dennoch ein Schock sein, wenn wir auf einmal entlassen werden. Aber den Job zu verlieren ist kein Weltuntergang. Banne das Pech, das der Grund dafür war. Führe zuerst diesen einfachen Zauber aus und anschließend einen weiteren, der Pech in Glück verwandelt.

## DAS BRAUCHST DU:

- deinen alten Arbeitsvertrag
- einen Rotstift
- eine Prise schwarzen Pfeffer
- eine schwarze Kerze
- Streichhölzer oder ein Feuerzeug

## SO FUNKTIONIERT ES:

Dieser Zauber sollte bei abnehmendem Mond vollführt werden. Wähle eine Uhrzeit, zu der du für zehn Minuten ungestört deinen Gedanken nachhängen kannst. Schlage zunächst deinen alten Arbeitsvertrag auf und streiche alle Seiten mit dem Rotstift durch. Dann streue eine Prise Pfeffer darauf und falte den Vertrag viermal. Nun entzünde die schwarze Kerze und sprich sechsmal die folgenden Worte:

*Weichen wird mein Pech,*
*in die Tiefen bann ich dich.*
*Das alles ist Vergangenheit,*
*für Neues bin ich nun bereit.*

Warte, bis die Kerze ganz heruntergebrannt ist, dann, kurz bevor sie erlischt, tropfe etwas heißes Wachs auf den Vertrag, um ihn zu versiegeln. Am nächsten Tag vergrabe ihn irgendwo weit weg von deinem Zuhause.

# RÜCKLAGEN FÜR DEN NOTFALL

Wir alle erleben in unserem Leben Zeiten, in denen wir mehr Geld ausgeben, als wir verdienen. Dies ist ein Zauber zum allgemeinen Gebrauch bei finanziellen Schwierigkeiten. Er eignet sich, wenn du offene Rechnungen nicht begleichen kannst, aber auch, wenn du vor dem Bankrott stehst.
Nutze diesen Zauber, um deine Geldsorgen zu bannen und wende anschließend jenen für Glück in Finanzdingen auf Seite 82 an.

**DAS BRAUCHST DU:**

- eine Kopie deines letzten Kontoauszugs
- einen schwarzen Stift
- eine Kopie einer kürzlich an dich gestellten Rechnung
- eine Handvoll roten Glitzerstaub
- eine dunkelblaue Kerze
- eine Kopie deiner EC-Karte

**SO FUNKTIONIERT ES:**

Dieser Zauber sollte bei Neumond gewirkt werden. Nimm zunächst die Kopie deines letzten Kontoauszugs und mache aus allen Positionen darauf, die anzeigen, dass du im Soll bist eine positive Summe. Dann nimm die Kopie der Rechnung und schreibe darauf in großen schwarzen Buchstaben das Wort „bezahlt". Lege die zwei Kopien auf einen Tisch, verteile etwas Klebstoff auf den Papieren und streue anschließend roten Glitzerstaub darüber. Stelle die blaue Kerze auf die Kopien und entzünde sie. Sage folgenden Zauberspruch:

*Wenn vollbracht der Zauber mein,*
*die Geldsorgen werden verschwunden sein.*
*Ins Universum die Schulden ich verbann,*
*so hilf mir nun bei meinem Plan,*
*Dies Hindernis zu überwinden.*

eine Handvoll silbernen Glitzerstaub

Klebstoff

Streichhölzer oder ein Feuerzeug

Lass die Kerze herunterbrennen. Als Nächstes leg die Kopie deiner EC-Karte auf die anderen Kopien. Verteile etwas Klebstoff darauf, dann streue silbernen Glitzerstaub darüber und sprich:

*Durch dieses Zaubers große Macht,*
*die Armut ich verbann aus meinem Sein,*
*damit in Wohlstand kann's erblüh'n.*
*Das ist mein Ziel, so sei es.*

Lass den Papierstapel 24 Stunden lang unberührt liegen, damit die Botschaft ins Universum hinausgetragen werden kann. Dann räume alles auf und bewahre die mit Glitzerstaub bedeckten Dokumente zusammen in deinem Buchhaltungsordner auf. Innerhalb der nächsten 29 Tage wird sich deine finanzielle Lage verbessern.

# DER HEXENGARTEN

Hexerei wird häufig als Naturreligion bezeichnet, die ihren Ursprung in deren heilender Kraft hat. Obwohl die Hexerei des 21. Jahrhunderts sich von dieser Definition deutlich unterscheidet, wollen wir noch immer die Natur in unsere Magie miteinbeziehen und ihre Macht einsetzen, um zu heilen und unser Gleichgewicht wiederherzustellen. Wir mögen nicht mehr bei Sonnenaufgang aufstehen und unsere Essgewohnheiten nach den Jahreszeiten richten, doch die Nutzung der Natur für unsere Magie stärkt unsere natürliche Verbindung mit den Energien des Universums und erdet uns.

## DER KRÄUTERGARTEN

Lege einen kleinen Garten an – selbst wenn es nur auf der Fensterbank ist – in dem du magische Kräuter und Pflanzen anbaust und damit ein Stück Natur in dein Leben bringst.

Einst pflegten Hexen eine riesige Auswahl an Kräutern, Gewürzen, und anderen natürlichen Arzneipflanzen anzubauen und in ihren Vorratskammern zu lagern, doch heutzutage sind wir für unser Handwerk nicht mehr auf so spezielle Zutaten angewiesen. Wusstest du, dass die Hexen in Shakespeares Macbeth mit ihrer berühmten Zauberformel „Molchesaug und Unkenzehe" eigentlich Senfsamen und Butterblumenblätter meinen? Also nichts, was sich nicht ohne weiteres beschaffen ließe.

## KRÄUTER

Alle Kräuter und Wurzeln besitzen eine medizinische oder magische Wirkung, also finde heraus, welche davon sich für deine Zwecke am besten eignen. Die meisten Kräuter gibt es im Supermarkt zu kaufen, du kannst aber auch deine eigenen auf der sonnigen Fensterbank eines nach Süden zeigenden Fensters ziehen. Unter Hexen beliebte Kräuter sind zum Beispiel:

Salbei: Eine Pflanze, die sich wunderbar dazu eignet, Orte oder Dinge von schlechten Energien zu reinigen und letztere zu bannen. Hänge in deinem Zuhause in der Nähe der Eingangstür ein Büschel Salbei auf oder ziehe außen um dein Haus im Uhrzeigersinn einen Kreis aus Salbei und Salz.

Basilikum: Es kommt häufig in Geld- und Wohlstandszaubern zum Einsatz und sorgt für ein glückliches Zuhause. Du kannst es als Badezusatz verwenden oder es zwei Tage lang in Wasser legen und dann deine Türschwelle damit reinigen.

Lavendel: Er dient der Beruhigung und Reinigung. Hänge ihn über dein Bett oder verwende Lavendelwasser in deinen Zaubern.

Rosmarin: Eine mächtige Schutzpflanze, die vor allem Frauen zugute kommt, da sie beispielsweise gegen Menstruationsstörungen hilft. Pflanze sie in deinem Garten für Treue und eine starke Beziehung und verwende sie beim Kochen sowie in Reinigungsbädern und Ritualen.

## BÄUME

Hexen und Bäume stehen von jeher in enger Verbindung zueinander. So sind Zauberstäbe häufig aus dem Holz des Haselnussstrauchs gefertigt, da dieser für spirituelle Verbundenheit steht, während die Weide als Baum der Heilung gilt und ein Apfelbaum im Garten dem Zuhause Segen spendet.

Den Eichen wiederum sagt man schon seit Urzeiten einen Bezug zur alten Magie nach, da aus ihrem Holz die Tafelrunde König Artus' bestand und sie Versammlungsort der Druiden waren. Ihre Blätter, Zweige und Eicheln repräsentieren die Götter und sie besitzen eine starke Heilungskraft. Weitere bedeutsame Bäume sind die Ulme, welche bei Zaubern für Stabilität und Erdung sorgt und der zur Gattung der Eschen zählende nordische Weltenbaum (Yggdrasil), der für die Gesamtheit des Kosmos steht.

# 4.

# ZAUBER FÜR DAS ZUHAUSE UND DIE FAMILIE

Wenn du die Magie gerade erst für dich entdeckst, so ist ihr Einsatz zum Schutz deines Zuhauses und deiner Liebsten nicht nur eine schöne, sondern auch sehr lohnenswerte Weise deine neuerworbenen Kräfte zu nutzen. Hier sind einige Zauber, durch die du auf deine vier Wände und alle, die dort leben, Acht geben und deinen wichtigsten Rückzugsort zu einem Heim voller Glück machen kannst. Egal, ob nun Sturmschäden oder schwierige Nachbarn das Problem sind – Erd- und Luftmagie stellen das Gleichgewicht wieder her und sorgen für Harmonie.

# EIN GLÜCKLICHES ZUHAUSE

Manche Orte scheinen förmlich mit Pech behaftet zu sein, doch niemand braucht in einem Zuhause zu leben, wo ständig ein Unglück geschieht. Dieser Zauber bringt Glück in dein Heim und schafft dort eine bessere Atmosphäre.

**DAS BRAUCHST DU:**

- fünf Zweige Rosmarin
- fünf Zweige Petersilie
- fünf Zweige Lavendel
- einen Meter grüne Schnur

**SO FUNKTIONIERT ES:**

Wirke diesen Zauber, wenn möglich, an einem Montag oder bei abnehmendem Mond. Falls du die Kräuter gerade erst gekauft oder geerntet hat, trockne sie zuerst im Ofen (bei 110°C) oder Wäschetrockenschrank. Wenn sie getrocknet sind, nimm sie heraus und binde sie mit der grünen Schnur zusammen. Schneide die überschüssige Schnur nicht ab, denn sie bringt Glück in dein Zuhause. Nun hänge die Kräuter über deine Eingangstür und sprich folgende Worte:

*Nur Glück diese Türe darf passieren,*
*dem Unheil sei es nicht erlaubt.*
*So lasset nun den Glücksstrom fließen,*
*Gott und Göttin, in mein Haus.*

Wenn die Glückskräuter verwelkt aussehen, wiederhole den Zauber mit frischen Kräutern.

# DAS PERFEKTE ZUHAUSE FINDEN

Mithilfe dieses Zaubers findest du das Zuhause, das am besten zu dir passt und kannst dir auch leisten, es zu kaufen oder zu mieten.

## DAS BRAUCHST DU:

- drei orangefarbene Kerzen
- ein kleines Spielzeughaus (so etwas ist in den meisten Spielwarenläden erhältlich)
- drei Minzblätter
- drei Lavendelzweige
- Streichhölzer oder ein Feuerzeug

## SO FUNKTIONIERT ES:

Dieser Zauber sollte an einem Freitag, Montag oder bei zunehmendem Mond ausgeführt werden. Als Erstes lege die Lavendelzweige neben das Haus und stelle rundherum die drei Kerzen auf. Anschließend entzünde sie eine nach der anderen im Uhrzeigersinn. Visualisiere beim Emporsteigen der Flammen, dass du dir dein Traumzuhause leisten kannst. Ob du gerade in Wirklichkeit die nötigen finanziellen Mittel dafür hast, spielt keine Rolle – blende das einfach aus. Stell dir vor, dass du dir mithilfe deiner Zauberkräfte das Geld beschaffen kannst, das du für den Kauf des Hauses benötigst.

Visualisiere, wie du die Möbelpacker bestellst, damit sie dein altes Zuhause ausräumen und wie du bei deinem Domizil ankommst. Stell dir vor, wie du die Tür aufschließt, hineingehst und dich sofort wohlfühlst.

Wenn du dir genug Details vorgestellt hast, verlasse den Raum und lass die Kerzen in einem sicheren Kerzenhalter herunterbrennen. Bewahre Spielzeughaus, Minze und Lavendel bei deinen Hausschlüsseln auf. Schon bald wird etwas geschehen, das es dir ermöglicht, dein neues Zuhause zu kaufen.

# UMZUGSZAUBER

Da der Immobilienmarkt ziemlich unberechenbar ist, kann man beim Hausverkauf schon mal ein bisschen Glück gebrauchen. Dieses kleine Ritual sorgt dafür, dass alles glatt läuft.

## DAS BRAUCHST DU:

- einen Kristall
- etwas Salzwasser (zwei Teelöffel Salz auf 50 ml Wasser)
- ein von vorne aufgenommenes Bild deines Besitzes
- eine weiße Kerze
- Streichhölzer oder ein Feuerzeug

## SO FUNKTIONIERT ES:

Beginne mit dem Zauber an einem Montag oder bei Vollmond und führe ihn dann sechs Tage lang aus. Reinige zunächst den Kristall im Salzwasser. Lass ihn darin liegen, während du den Rest des Zaubers vorbereitest.

Nun lege das Foto von deinem Haus unter die weiße Kerze und entzünde sie. Sprich dreimal folgende Worte:

*Erwerben könnt ihr mein Zuhaus,*
*ich brauche es nicht mehr.*
*Dies' glücklich' Heim, es ruft nach euch,*
*ihr wünscht, dass euer Haus es wär.*
*Kommt und seht, so sei es.*

Blase die Kerze aus und verwende sie in den nächsten fünf Tagen erneut; wiederhole dabei jedes Mal den Zauberspruch. Dann trockne den Kristall ab und stelle ihn an einen Platz in deinem Haus, wo er gut zu sehen ist.

Wenn potentielle Käufer dein Haus besichtigen, wird der Kristall die positive Energie des Zaubers an sie abgeben.

# SCHUTZZAUBER FÜR DEIN ZUHAUSE

Selbst wenn du dir dessen nicht bewusst bist, ist dein Zuhause möglicherweise immer noch mit den schlechten Energien seiner Vorbesitzer aufgeladen. Dieser Reinigungs- und Schutzzauber verbannt daraus nicht nur alle Negativität sondern schützt es auch vor Einbrüchen, Bränden, Wasserschäden und anderen unerwünschten Komplikationen.

**DAS BRAUCHST DU:**

- 100 g Salz
- eine 0,5 Liter-Flasche Wasser
- einen Krug
- eine ganze Zwiebel
- ein Messer
- pro Raum eine Muschel

**SO FUNKTIONIERT ES:**

Dieser Zauber sollte bei Neumond oder an einem Samstag gewirkt werden. Als Erstes streue das Salz in die Wasserflasche und schüttle sie vorsichtig. Dann gieße das Wasser in den Krug. Jetzt schneide die Zwiebel in vier Viertel, besprenge jedes mit einigen Tropfen Wasser und lege in alle Ecken des Hauptraums deiner Wohnung eines davon. Anschließend besprenge auch alle Muscheln mit dem Wasser-Salz-Gemisch und lege eine davon in jedes Zimmer deines Zuhauses.
Zum Schluss begib dich in alle Räume und weihe sie ebenfalls mit dem Wasser.

Sprich beim Betreten der Räume folgende Worte:

*Dieser Raum sei nun geschützt und gereinigt.*

Lass die Zwiebel eine Woche lang im Hauptraum liegen, sodass sie alle Negativität in deinem Zuhause aufnehmen kann.

Die Muscheln solltest du ebenfalls dort belassen, wo sie sich befinden und sie gelegentlich von Neuem mit frischem Salzwasser reinigen. Dein Zuhause ist nun durch Magie gesichert und geschützt.

### Wusstest du schon?

Wer das eigene Zuhause ausmistet, profitiert davon auf vielerlei magische Arten. In überladenen Ecken und nach Besuchen schwieriger Gäste sammeln sich nämlich Mief und negative Energien an. Indem du gründlich aufräumst, in dunklen Ecken Kristalle wie klaren Quarz aufstellst und Salbei zur Reinigung der Luft verwendest, werden dein Zuhause zu einem glücklicheren Ort und dein Kopf wieder klar.

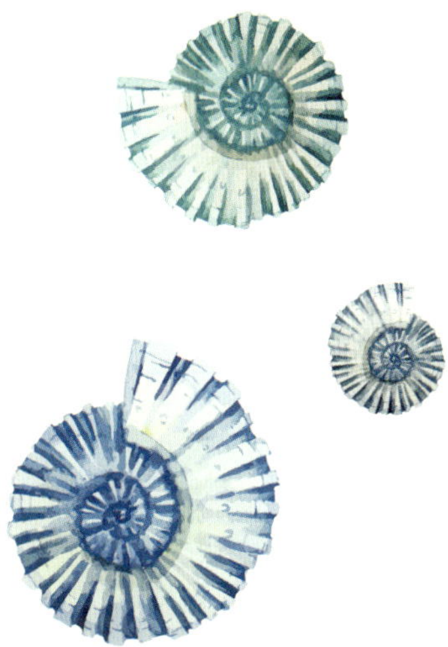

# EINEN SPUK BEENDEN

Fühlst du dich nicht wohl in deinem Zuhause, oder so, als seiest du dort nicht allein? Manchmal hatten Verstorbene ein so unstetes Leben, dass sie als Geist versuchen, jemandem aus dieser Welt Schaden zuzufügen. Diese sogenannten „verlorenen Seelen" weigern sich, in das Geisterreich einzutreten. Oft sind sie verwirrt oder wissen nicht, dass sie gestorben sind. Wenn du gerade eine Pechsträhne hast, für die niemand aus der Welt der Lebenden verantwortlich sein kann, so schafft dieser Zauber Abhilfe. Er verbannt den Geist an den Ort, an den er gehört.

**DAS BRAUCHST DU:**

- Alufolie
- eine Schere
- einen Kugelschreiber
- eine silberne Kerze
- etwas Salzwasser (zwei Teelöffel Salz auf 50 ml Wasser)
- eine Handvoll Salz
- Streichhölzer oder ein Feuerzeug

**SO FUNKTIONIERT ES:**

Vollführe diesen Zauber bei abnehmendem Mond. Schneide zunächst aus der Alufolie einen Kreis aus, der groß genug dafür ist, dass du die Kerze darauf stellen kannst. Dann schreibe mit dem Kugelschreiber das Wort „Weiche“ auf den Kreis, dreh ihn um (das bewirkt, dass das Pech zu seinem Ursprung zurückkehrt) und stelle die Kerze darauf.

Bevor du die Kerze entzündest, versprenge in jedem Raum deines Zuhauses ein paar Tropfen Salzwasser. Als Nächstes nimm vor der Kerze Platz und zieh einen großen Kreis aus Salz um dich – achte darauf, den Kreis nicht zu öffnen, während du den Zauber aussprichst.

Nun entzünde die Kerze und sprich:

*Ich weiß, dass du trägst keine Schuld,*
*doch ist es an der Zeit,*
*dass du nun deiner Wege gehst,*
*durchs Licht zur neuen Ruhestatt.*
*Kehr wieder nimmermehr.*
*Gute Reise.*

Verbleibe noch fünf Minuten im Schutzkreis, danach kannst du dich aus ihm herausbewegen. Lass die Kerze herunterbrennen.

Dein Pech sollte innerhalb von 24 Stunden gebannt und aus deinem Leben verschwunden sein. Solltest du dich weiterhin unwohl fühlen, wiederhole den Zauber.

# SCHUTZZAUBER FÜR HAUSTIERE

Katzen sollen ja angeblich neun Leben haben – aber was ist mit den anderen Lebewesen, die wir als Haustiere halten? Dieser Zauberspruch schenkt unseren Katzen, Hunden, Hamstern – sogar den Goldfischen – ein gesundes und glückliches Leben.

## DAS BRAUCHST DU:

- eine Rosen-Duftkerze
- eine Feder
- eine Rosen-Räucherstäbchen und einen Halter dafür (oder befestige das Räucherstäbchen mit etwas Klebeband)
- einen Gegenstand, der für dein Haustier steht (wie etwa ein Halsband, Fressnapf oder Foto)
- Streichhölzer oder ein Feuerzeug

## SO FUNKTIONIERT ES:

Wende diesen Zauber an einem Dienstag oder bei Neumond an. Da er im Freien stattfinden muss, sollte es dabei nicht regnen, sonst erlischt durch das Wasser deine Kerze.

Finde in deinem Garten einen schönen, ruhigen Ort und ordne die Objekte folgendermaßen an: Stelle die Kerze in die Mitte, die Feder dahinter, das Räucherstäbchen in seinem Halter davor und ganz nach vorne den Gegenstand, der dein Haustier repräsentiert. Dann entzünde erst die Kerze und danach das Räucherstäbchen. Nun sprich folgende Worte:

*Göttin, Schöpferin der Natur,*
*mögest du erhören meinen Ruf.*
*Beschütze [Name des Haustiers]*
*und alle Lebewesen,*
*nichts Böses darf Ihnen geschehen.*
*So sei es.*

**Wusstest du schon?**

Die Hasenpfote gilt seit jeher als mächtiger, glücksbringender Talisman und kann auch als Schutzamulett gegen das Böse getragen werden. (Der Unterschied zwischen einem Talisman und einem Amulett besteht darin, dass ein Talisman Glück bringt, während ein Amulett schlechte Energien abwehrt, Anmerkung der Redaktion.) Hasen werden mit offenen Augen geboren, daher glaube man früher, dass sie schon vor allen Anderen sehen, wenn das Böse naht.

Lass die Kerze herunterbrennen. Währenddessen schwenke das Objekt, das für dein Haustier steht, durch den Rauch des Räucherstäbchens und tue dasselbe mit der Feder.

Von nun an wird dein Haustier ein glückliches und behütetes Leben führen.

# WIEDERAUFFIND-ZAUBER

Etwas zu verlieren ist im besten Fall unerfreulich und im schlimmsten eine totale Katastrophe. Dank dieses Zaubers habe ich schon verlorene Autoschlüssel, Dokumente, Geldscheine und unzählige andere Dinge wiedergefunden.

## DAS BRAUCHST DU:

- einen roten Apfel
- einen grünen Apfel
- ein Messer
- einen halben Meter grüne Schnur
- eine grüne Kerze
- Streichhölzer oder ein Feuerzeug

## SO FUNKTIONIERT ES:

Wirke diesen Zauber an einem Sonntag oder bei Vollmond.

Als Erstes schneide erst den roten und dann den grünen Apfel in zwei Hälften. Füge zwei Hälften in unterschiedlichen Farben zusammen, sodass ein Apfel entsteht, der halb rot und halb grün ist. Dann binde ihn mit der grünen Schnur zusammen. Die anderen Hälften lege zunächst beiseite.

Nun entzünde die grüne Kerze und sage folgenden Zauberspruch:

*Bei des Universums Macht,*
*durchforsch nun Land und Meer,*
*nach dem, was ich verlor.*
*Führst du mich zu dem, was ich such',*
*Ich dir die Gabe bring so süß.*

Danach vergrabe den Apfel im Garten und iss die anderen beiden Hälften. Nun denk nicht mehr an das, was du verloren hast. Es wird wieder auftauchen, wenn du am wenigsten damit rechnest.

# GLÜCKSZWERG-ZAUBER

Den Überlieferungen nach sollen Zwerge schadenfrohe kleine Wesen sein. Das stimmt zwar, doch sie haben auch magische Fähigkeiten! Mit diesem Ritual kannst du sogar in deinem bescheidenen kleinen Gartenzwerg Zauberkräfte wecken und wirst schon bald merken, wie viel Glück er dir bringt.

## DAS BRAUCHST DU:

einen Gartenzwerg

100 ml Salzwasser (vier Teelöffel Salz auf 100 ml Wasser)

einen Namen für deinen Zwerg

## SO FUNKTIONIERT ES:

Dieser Zauber sollte bei Vollmond angewandt werden. Zunächst reinige den Gartenzwerg in der Hälfte des Salzwassers. Anschließend stell den Zwerg in deinem Garten an einen Ort, an dem du gerne sitzt. Wenn dir ein passender Name für ihn eingefallen ist (meiner heißt übrigens Hamish), gieße vorsichtig das restliche Salzwasser über ihn. Bevor er getrocknet ist, wiederhole dreimal die folgenden Worte:

*Durch die Magie der drei,*
*ich setze deine Kraft nun frei.*
*Wenn dreimal ich dich reib,*
*wird hold das Glück mir sein.*

Nun hast du die Zauberkräfte deines Zwergs geweckt. Immer, wenn du in Zukunft eine Extraportion Glück nötig hast, reibe deinen Glückszwerg dreimal, und dein Wunsch wird dir gewährt.

# WUNSCHPYRAMIDE FÜR DAS TRAUMZUHAUSE

Dieser Zauber ist die moderne Variante eines Wunschzaubers, der seit langer Zeit mit großem Erfolg angewandt wird. In verschiedenen Kulturen weltweit werden der Pyramide magische Kräfte zugeschrieben und insbesondere die Ägypter glaubten, dass sie eine mystische, unerklärliche Macht besitze.

**DAS BRAUCHST DU:**

einen Computer, auf dem ein Textverarbeitungsprogramm installiert ist

**SO FUNKTIONIERT ES:**

Dieser Zauber kann an einem beliebigen Tag gewirkt werden. Als Erstes erstelle in deinem Textverarbeitungsprogramm ein neues Dokument mit dem Namen „Mein Wunsch“. Öffne es und stelle die Textausrichtung auf „zentriert“. Dann überlege dir einen Wunsch, der dir erfüllt werden soll. Jetzt schreibe den Zauberspruch genauso auf, wie ich es unten getan habe. In diesem Beispiel bitte ich um ein glückliches Zuhause:

*Ich*
*Ich wünsche*
*Ich wünsche mir*
*Ich wünsche mir ein*
*Ich wünsche mir ein glückliches*
*Ich wünsche mir ein glückliches Zuhause*

Speichere nun das Dokument und damit deine magische Pyramide.

Wenn du das nächste Mal am Computer sitzt, nimm dir einen Moment Zeit und öffne das Dokument erneut. Lass unter der ersten Pyramide zwei Zeilen Platz und erstelle darunter auf die gleiche Weise eine zweite. Tue dies jeden Tag einmal, bis du sehr viele Pyramiden geschaffen hast. Je mehr es werden, desto mächtiger wird auch der Wunsch. Wiederhole den Vorgang, bis dein Wunsch in Erfüllung geht.

### Wusstest du schon?

Die modernen Hexen haben sich an das Leben im 21. Jahrhundert angepasst. So machen sie sich die modernen Technologien zunutze, indem sie über soziale Netzwerke Kontakte mit anderen Hexen knüpfen und Zaubersprüche austauschen. Du kannst diese Technologien auch in deine Magie miteinbeziehen: Schicke dir selbst Zaubersprüche per E-Mail oder entsende sie mit einem Instant-Messaging-Dienst deiner Wahl ins Universum.

# GLÜCKLICHE FAMILIEN

Niemand streitet sich gern – eigentlich lieben wir alle einander und wollen uns gut verstehen. Leider ist jedoch für manche Menschen ihr Zuhause kein Ort, an dem sie sich sicher und geborgen fühlen. Egal, ob du nun Probleme mit deinen Eltern, Geschwistern oder sonst jemandem aus deiner näheren Verwandtschaft hast, dieser Schutzzauber bewahrt dich davor, von anderen körperlich oder emotional verletzt zu werden und bringt Harmonie in dein Familienleben.

Solltest du in Gefahr sein oder auf irgendeine Weise missbraucht werden, dann sprich bitte mit jemandem, der dir helfen kann, zum Beispiel mit einem Lehrer, Arzt, Elternteil eines/r Freundes/in, der Telefonseelsorge oder einer anderen Person, der du vertraust. Dadurch, dass du darüber sprichst, fühlst du dich vielleicht zunächst verletzlich, aber in Wirklichkeit macht es dich stärker.

**DAS BRAUCHST DU:**

- einen Beutel Salz
- eine Schüssel
- einen Teelöffel Zimt
- ein Blatt Basilikum
- eine Zwiebel
- ein Messer
- eine blaue Kerze
- eine weiße Kerze
- eine grüne Kerze
- drei Kerzenhalter
- eine 30 cm lange Schnur
- Streichhölzer oder ein Feuerzeug

**SO FUNKTIONIERT ES:**

Wirke diesen Zauber bei abnehmendem Mond oder an einem Donnerstag; am besten dann, wenn du gerade allein zuhause bist. Sollte sich das schwierig gestalten, so führe ihn an einem Ort aus, wo du ungestört bist. Streue zunächst die Hälfte des Salzes in die Schüssel und gib den Zimt und den Basilikum dazu. Danach schneide die Zwiebel in zwei Hälften und wälze sie in dem Salz-Zimt-Gemisch. Anschließend stell die drei Kerzen in die Kerzenhalter; entzünde erst die blaue, dann die grüne und zum Schluss die weiße Kerze. Sprich einmal die folgenden Worte:

*Athena, du kämpferische Göttin der Ordnung und des Friedens,*
*erhöre mein Flehen und nimm dich an der Situation.*
*Aus meinem Zuhause alle Negativität verbanne,*
*damit ich mich dort wieder sicher und geborgen fühle.*
*Mögest du mich allzeit beschützen und sorgen für positive Energien, Heilung und Frieden.*
*Lass kein Unheil über meine Schwelle treten.*
*So sei es.*

Während du darauf wartest, dass die Kerzen ganz heruntergebrannt sind, nimm die Salz-Zimt-Mischung und streue sie in alle Räume deines Zuhauses. Dann geh nach draußen und streue soviel wie möglich davon um das Haus herum.

Zum Schluss binde die zwei Zwiebelhälften mit der blauen Schnur zusammen und lege die Zwiebel mit dem Basilikum unter dein Bett oder verstecke sie irgendwo in deinem Zimmer.

# WAHR-SAGUNG UND HELLSEHEN

Wäre es nicht toll, wenn du über deine Zukunft oder die deiner Freunde Bescheid wüsstest? Nun, mithilfe von ein paar einfachen Werkzeugen kannst du durchaus lernen, sie vorherzusagen.

–

Egal, ob du für deine Vorhersagen Tarotkarten, eine Kristallkugel oder Teeblätter verwenden willst – du solltest die Gelegenheit ergreifen, dich auf deine Hoffnungen und Träume einzustimmen und Einfluss auf dein Schicksal zu nehmen; denn glaub nur nicht, dieses sei in Stein gemeißelt. Alle Formen des Hellsehens sollten als Wegweiser zu dem möglichen Ergebnis angesehen werden, wenn du den Pfad weitergehst, den du eingeschlagen hast. Das Wichtigste dabei ist jedoch, dass du deiner eigenen Intuition folgst und dem vertraust, was du im Innern fühlst.

Diese Werkzeuge werden dich zwar leiten, aber sie werden weder von sich aus Dinge für dich geschehen lassen noch Entscheidungen treffen – das kannst nur du selbst tun. Hier sind ein paar Werkzeuge, die du ausprobieren kannst:

## DIE TAROTKARTEN

Wähle ein Kartenset aus, das dich anspricht und mache dich vor dem ersten Lesen damit vertraut. So funktioniert eine einfache Frage-Antwort-Legung: Denke dir zunächst eine Frage aus, die du gern beantwortet haben willst. Wenn du dich dann bereit fühlst, ziehe aus einer beliebigen Stelle des Stapels sechs Karten und lege sie mit der Oberseite nach unten vor dich hin. Dann wähle eine weitere, letzte Karte aus. Sie ist deine Ergebnis-Karte. Nun drehe die Karten von links nach rechts nacheinander um und lies ihre Bedeutungen. Sie stehen in dieser Reihenfolge für: deine aktuelle Situation; deine Wünsche; deine Ängste; das, was helfen könnte und das, was sich nachteilig auswirken könnte. Diese ersten fünf Karten geben dir Einsicht in deine Situation, die letzte Karte zeigt die Antwort auf deine Frage.

## DAS PENDEL

Hellsehen durch Pendeln ist eine uralte Praktik, die schon seit Jahrtausenden erfolgreich eingesetzt wird. Alles, was du dafür brauchst, sind ein Gold- oder ein Silberring, der dir gehört, eine 30 cm lange Schnur und ein weißes Teelicht. Fädle den Ring auf die Schnur und binde ihn mit einem Knoten fest. Um herauszufinden, wie das Pendel „Ja“ oder „Nein“ antwortet, stelle eine einfach Frage wie zum Beispiel „Ist die Sonne heiß?“ und schwinge den Ring über der Kerze hin und her. (Gib Acht, dass du dabei nicht die Schnur ansengst.) Nach ein paar Sekunden wird der Ring entweder von links nach rechts oder im Kreis schwingen. So siehst du, wie dein Pendel „Ja“ sagt. Wiederhole den Vorgang mit einer einfachen „Nein“-Frage. Danach kannst du dem Pendel deine eigenen Fragen stellen.

## DIE TEEBLÄTTER

Aus Teeblättern lesen ist einfach und macht Spaß. Du benötigst dazu nur eine kleine Teekanne, eine Tasse mit weiter Öffnung (es darf kein Becher sein!), eine Untertasse, einen Teebeutel oder Teeblätter und kochendes Wasser. Reiß den Teebeutel einfach auf und schütte den losen Tee in die Teekanne, dann gieß das kochende Wasser darüber. Lass das Ganze eine Minute lang ziehen und überlege dir währenddessen, welche Frage die Teeblätter beantworten sollen. Dann gieß den Tee in die Tasse und trink ihn aus bis auf etwa einen kleinen Löffel voll Flüssigkeit. Jetzt nimm die Tasse in die linke Hand und schwenke sie mit ihrem Inhalt dreimal gegen den Uhrzeigersinn im Kreis. Dann stelle sie umgekehrt auf die Untertasse und lass sie eine Minute ruhen. Als Nächstes hebe die Tasse ab und „lies“ das Muster, das sich gebildet hat. Formen wie Hufeisen, Eicheln, Vögel, Kronen oder Blumen bedeuten etwas Gutes, während Fledermäuse, Eulen, Ratten, Dolche oder Schlangen eher ein schlechtes Zeichen sind.

# 5.

# ZAUBER FÜR GLÜCK UND GLÜCKLICHE FÜGUNG

Wir sind meist der Überzeugung, dass es einfach Glück ist, wenn unerwartet positive Dinge in unserem Leben passieren. Wie oft schon hast du Menschen sagen hören: „Du Glückspilz!“ oder „Da hatte ich wirklich Glück!“. Menschen, die von Natur aus optimistisch eingestellt sind und an sich selbst und ihre Träume glauben, führen oft ein gesünderes und erfüllteres Leben und scheinen das Glück auf ihrer Seite zu haben, da sie stets zur richtigen Zeit am richtigen Ort sind. Menschen, bei denen es so aussieht, als würden sie vom Pech verfolgt, erwarten hingegen häufig, dass ihnen etwas Schlechtes passiert. Doch genauso wie Magie und Überzeugung Hand in Hand arbeiten, ist das eigene Glück durch die Macht des Geistes beeinflussbar.

Dieser Teil des Buchs ist deinem Glück gewidmet – sei es nun für die Gesundheit oder in der Liebe. Probiere die Glückstalismane, -zauber und -rituale aus, konzentriere durch sie deine positivsten geistigen Energien und hilf in allen Lebensbereichen deinem Glück auf die Sprünge.

# DER KRISTALLTALISMAN

Ein Talisman ist ganz einfach ein Gegenstand, von dem jemand glaubt, dass er Glück bringt. Solche Objekte werden schon seit Hunderten von Jahren verwendet und egal, ob es sich dabei nun um eine Hasenpfote oder eine besondere Münze handelt, wenn deren Besitzer an seine glücksbringende Wirkung glaubt, dann ist diese auch vorhanden. Kristalle verfügen über spezielle magische Kräfte, und für den folgenden Talisman wird ein Kristall verwendet, damit er besonders viel magisches Glück ausstrahlt. Trage ihn bei dir, wann immer du in deinem Leben eine Portion Glück brauchst.

**DAS BRAUCHST DU:**

- einen Kristall
- 50 ml Wasser in einer Flasche
- jeweils zwei Tropfen der folgenden Öle:
- Rose, Lavendel und Teebaum

**SO FUNKTIONIERT ES:**

Dies ist ein einfacher, aber sehr mächtiger Zauber, den du jederzeit anwenden kannst.

Wasche zuerst den Kristall gründlich mit dem Wasser. So wird er vollständig von jeglicher negativen Energie gereinigt, die er möglicherweise dort aufgenommen hat, wo du ihn gefunden oder gekauft hast. Dann träufle jeweils zwei Tropfen der verschiedenen Öle darauf und verteile sie vorsichtig. Wenn das getan ist, halte den Kristall in den hohlen Händen und sage sechsmal:

*Kristall des Glücks,*
*bring mir Glück durch deine Macht.*

Bewahre deinen Kristall an einem sicheren Ort in deinem Zuhause auf. Wenn der Duft des Öls nachlässt, so kannst du den Zauber wiederholen. Vergiss jedoch nicht, den Kristall zuerst zu reinigen.

# DAS GESUNDHEITSELIXIR

Eine gute Gesundheit können wir uns nicht kaufen, egal, wie reich wir sind. Daher ist es praktisch, immer einen kleinen Zauber parat zu haben, der für das Wohlbefinden sorgt. Dieser hier besteht aus einer erfrischenden Tasse Tee voller magischer Wohlfühl-Zutaten und soll dich dabei unterstützen, in Form zu bleiben. Doch natürlich kann er nicht den Arztbesuch ersetzen.

**DAS BRAUCHST DU:**

- eine Tasse kochendes Wasser
- einen Teebeutel grünen Tee
- einen Teelöffel Honig
- jeweils ein Minz- und ein Lorbeerblatt

**SO FUNKTIONIERT ES:**

Tue dies, wann immer du dich unwohl fühlst oder du deine Gesundheit fördern willst: Koche eine Tasse Wasser und lass sie leicht abkühlen. Dann leg den Teebeutel hinein und lass alles fünf Minuten ziehen. Anschließend nimm den Teebeutel heraus, gib den Honig hinein und rühre gut um. Nun leg die Minze und den Lorbeer in das Teewasser. Nachdem du alles weitere fünf Minuten hast ziehen lassen, umfasse die Tasse mit beiden Händen und sprich folgende Worte:

*Gott und Göttin des Universums,*
*möget ihr bringen mir*
*gute Gesundheit*
*und möget ihr bewahren mich*
*vor Krankheit und Leid.*
*Ich danke euch, so sei es.*

Nimm die Minze und den Lorbeer wieder heraus und dann genieß den wohltuenden Trank. Während der grüne Tee darin gut für die Verdauung ist und Honig das Immunsystem stärkt, sorgen die Minze für ein erfolgreiches Leben und der Lorbeer für das Fernbleiben von Krankheiten.

# DER LOTTERIE-GEWINN

Freu dich nicht zu früh, denn mit diesem Zauber knackst du leider nicht automatisch den großen Jackpot. Aber dennoch erhöhen sich durch ihn deine Gewinnchancen, wenn du Lotto spielst oder an einem Wettbewerb teilnimmst. Vergiss jedoch nicht, dass nur wenige von uns einen Lottogewinn auch tatsächlich nötig haben. Natürlich könnten wir alle von Zeit zu Zeit ein bisschen zusätzliches Geld gut gebrauchen, doch Magie gelingt schließlich am besten, wenn in unserem Leben ein dringender Bedarf an etwas besteht. Aber da selbst die Göttin hin und wieder Gefallen am Glücksspiel findet, wird sie dir – solange du ihre Kräfte nicht missbrauchst – dabei helfen, mit diesem Glückszauber deine Finanzen aufzustocken.

## DAS BRAUCHST DU:

- ein Stück grüne Pappe
- einen grünen Stift
- eine Silbermünze
- Klebstreifen
- klaren Acrylklebstoff

## SO FUNKTIONIERT ES:

Dieser Zauber sollte an einem Freitagabend gewirkt werden. Du bräuchtest dafür im Idealfall ein vierblättriges Kleeblatt, aber da diese sehr selten sind, wirst du dir jetzt dein eigenes machen. Das mag sich wie schummeln anfühlen, aber da du es selbst herstellst, sollte es in Wirklichkeit eher hilfreich sein.

Als Erstes zeichne mit dem grünen Stift ein vierblättriges Kleeblatt auf die grüne Pappe. Es muss klein genug sein, um in deine Geldbörse oder Brieftasche zu passen. Dann klebe mit dem Klebstreifen die Silbermünze auf die Rückseite des Kleeblatts und schreibe um sie herum so oft es geht das Wort „Lottogewinn“. Danach bedecke die Münze, damit sie sauber und geschützt bleibt, mit Acrylklebstoff.

Nun nimm den Klebstoff je nachdem, ob du Rechts- oder Linkshänder bist, in deine dominantere Hand und schließ die Augen. Visualisiere, wie du Glücksenergie in deine Handfläche leitest. Dabei solltest du spüren, wie deine Hand warm wird. Dann, wenn du dich bereit fühlst, sag dreimal die folgenden Worte:

*Göttin des Glücks,*
*sei hold mir wie nie,*
*hilf mir gewinnen in der Lotterie.*
*Ich bin nicht gierig,*
*brauch nicht zu darben,*
*bring mir Glück,*
*wenn nötig ich's habe.*

Wenn du das nächste Mal ein Lotterielos kaufst, falte es zu einem kleinen Viereck zusammen und lege das vierblättrige Kleeblatt hinein, bis es Zeit ist, nachzusehen, ob du die richtigen Zahlen getippt hast. Falls du deinen Glücksklee bei einem Wettbewerb einsetzt, lege ihn auf das Teilnahmeformular, während du dieses ausfüllst. Trage deinen Talisman auch sonst immer in der Geldbörse oder Brieftasche bei dir.

Hast du deinen Glücksbringer länger nicht benutzt, so lade ihn wieder mit Energie auf, indem du von neuem dreimal den Zauberspruch aufsagst.

## Wusstest du schon?

Die Ersten, die an die Macht des vierblättrigen Kleeblatts glaubten, waren die Druiden. Bei der hübschen kleinen Pflanze handelt es sich tatsächlich um eine Laune der Natur, denn weit häufiger kommt sie in ihrer dreiblättrigen Variante vor. An nur etwa einem von zehntausend dreiblättrigen Kleeblättern wächst das zusätzliche Blatt, daher hat man wirklich Glück, wenn man eines findet.

# GELDREGEN

Das Universum versorgt uns mit allem, was wir brauchen, einschließlich genügend Geld. Aber falls deine Rechnungen höher sind als deine Einnahmen, dann kannst du getrost diesen kleinen Geldzauber ausführen. Denke daran: Magie wirkt am besten, wenn du etwas wirklich nötig hast. Deshalb solltest du den Zauber nicht aus reiner Geldgier oder zum Spaß anwenden. Brauchst du wirklich etwas zusätzliches Geld, so wird dieser Zauberspruch wunderbar funktionieren.

## DAS BRAUCHST DU:

einen Schein in deiner Währung

eine grüne Kerze

fünf Pfefferminzblätter

fünf Silbermünzen

etwas Salzwasser (zwei Teelöffel Salz auf 50 ml Wasser)

eine Tasse kochendes Wasser

Streichhölzer oder ein Feuerzeug

## SO FUNKTIONIERT ES:

Diesen Zauber solltest du an einem Freitag oder bei Vollmond aussprechen. Als Erstes, lege den Geldschein unter die grüne Kerze. (Solltest du derart pleite sein, dass du keinen hast, keine Panik: du kannst auch das Monopoly-Spiel plündern oder dein eigenes Geld zeichnen.) Ordne die fünf Pfefferminzblätter in einem Kreis um die Kerze an. Dann wasche die Silbermünzen im Salzwasser, um sie von aller Negativität zu reinigen und lege jeweils eine davon auf jedes Pfefferminzblatt. Entzünde die Kerze und sprich fünfmal folgende Worte:

*Oh Gott des Geldes*
*hold mir sei*
*und schaff etwas Geld herbei.*
*Sieh herab auf mich,*
*sieh herab auf mich,*
*hold mir sei*
*und mir meinen Tag versüß.*
*Ich danke dir, so sei es.*

Lass die Kerze herunterbrennen. Dann nimm die Minzblätter und lege sie in eine Tasse kochendes Wasser und lass alles fünf Minuten lang ziehen. Anschließend nimm sie wieder heraus und trinke den Tee. Die Blätter haben die Magie aufgenommen, mit der du sie aufgeladen hast und nun nimmst du wiederum diese Energie in dich auf.

Bewahre die Münzen zusammen mit dem Schein, den du unter die Kerze gelegt hast, in deiner Geldbörse oder Brieftasche auf. Lass die Minzblätter vertrocknen, zerbrösle sie dann und wirf sie aus dem Fenster. Damit ist der Zauber vollendet.

# GLÜCKSZAUBER FÜR ALLE LEBENSBEREICHE

Dies ist ein Ritual für die Zeiten, in denen du dich fühlst, als sei die ganze Welt gegen dich. Wahrscheinlich ist das ja in Wirklichkeit gar nicht der Fall, aber vielleicht fühlt es sich manchmal so an. Wenn du der Meinung bist, in allen deinen Lebensbereichen einen vollkommenen Glücksumschwung zu brauchen, so ist dieser mächtige Kerzenzauber genau das Richtige für dich.

## DAS BRAUCHST DU:

- eine lange grüne Kerze
- einen silbernen Reißnagel
- einen grünen Kugelschreiber
- Streichhölzer oder ein Feuerzeug

## SO FUNKTIONIERT ES:

Beginne mit diesem Zauber an einem Freitag und am besten bei Vollmond, selbst wenn es noch eine ganze Weile bis dahin dauert. Wenn du nicht solange warten kannst, mach dir keine Gedanken. Der Zauber gelingt in einer anderen Nacht genauso gut. Aber du solltest auf jeden Fall versuchen, ihn freitags anzuwenden.

Du musst den Zauber insgesamt neun Tage aufrechterhalten, damit er seine volle Wirkung entfaltet. Stelle deine Kerze also an einen sicheren Ort, an dem sie die ganze Zeit unberührt bleibt. Teile zunächst die Kerze in neun gleichgroße Abschnitte auf, indem du mit dem silbernen Reißnagel acht horizontale Linien hineinritzt. Zwischen den einzelnen Linien sollte ein Abstand von ca. 2,5 cm sein, aber das hängt natürlich von der Größe der Kerze ab.

Danach schließ die Augen und stecke den Reißnagel an einer beliebigen Stelle in die Kerze. Als Nächstes schreibe mit dem grünen Stift in jeden der neun Abschnitte, die du geschaffen hast, das Wort „Glück“. Anschließend solltest du die beschriftete Kerze idealerweise in der ersten Vollmondnacht in deinen Garten oder auf eine Fensterbank legen, sodass sie eine Nacht lang das Vollmondlicht einfängt. In der folgenden Nacht, entzünde die Kerze und sage sechsmal diesen Spruch:

*Gott und Göttin,*
*erfüll den Wunsch im Nu,*
*mach, dass wieder das Glück*
*sich mir wendet zu.*
*Verbanne nun das Unglück mein,*
*damit von diesem Vollmond an*
*ich wieder glücklich werd sein.*

Lass den ersten Abschnitt der Kerze herunterbrennen und blase sie dann aus. Danach verbeuge dich dreimal vor dem Mond.

Wiederhole den Vorgang in den nächsten acht Nächten. Wenn der Reißnagel von der Kerze abfällt, bedeutet das, dass deine Pechsträhne nun vorbei ist. Sollte nach den neun Tagen noch ein Wachsrest übrig bleiben, so vergrabe ihn im Garten. Schon bald wirst du merken, dass das Glück sich dir wieder zuwendet.

# MEHR GLÜCK IN DER LIEBE

Wir alle hatten schon mal etwas Pech in Herzensangelegenheiten. Wenn du aber ständig ungeeignete Partner anziehst oder deine Beziehungen nie halten, könnte es sein, dass du die falschen Signale aussendest – solche, die besagen, dass es dir egal ist, wie du behandelt wirst. Für diesen Fall gibt es den unten beschriebenen Zauber. Er setzt diesen Problemen für immer ein Ende und verbannt das Pech aus deinem Liebesleben.

### DAS BRAUCHST DU:

- ein schwarzes Blatt Papier
- ein rosa Blatt Papier
- eine schwarze Kerze
- fünf Reißnägel
- eine Schere
- Streichhölzer oder ein Feuerzeug

### SO FUNKTIONIERT ES:

Vollführe diesen Zauber bei abnehmendem Mond. Schneide zunächst aus dem schwarzen Papier fünf kleine Herzen aus. Sie repräsentieren das Pech, das du in der Vergangenheit in deinem Liebesleben hattest. (Wenn du nicht so geschickt bist und die Papierherzen nicht ganz symmetrisch werden, ist das nicht so schlimm. Tipp: Es ist leichter, wenn du ein Stück Papier in der Mitte faltest und dann daraus ein halbes Herz ausschneidest.)

Als Nächstes schneide aus dem rosafarbenen Papier fünf größere Herzen aus. Diese stehen für das Glück, welches du zukünftig in der Liebe haben wirst. (Wichtig ist dabei, dass sie größer sind als die schwarzen Herzen.)

Anschließend ritze mit einem der Reißnägel das Wort „banne“ in die Kerze und entzünde sie dann. Danach falte um jedes schwarze Herz ein rosafarbenes und hefte alles jeweils mit einem Reißnagel zusammen, sodass das schwarze Herz vollständig von dem rosafarbenen bedeckt ist und nicht herausrutschen kann. Dabei singe folgenden Zauberspruch:

*Bei der Macht der Liebe*
*und bei Aphrodite:*
*Verbann dieses Pech,*
*bring mir Glück in der Liebe.*

Wenn du alle fünf Herzpaare zusammengeheftet hast, lass sie auf dem Tisch liegen, während die Kerze herunterbrennt. Dieser Zauber bannt dein Pech in Liebesdingen und entsendet Signale an das Universum, dass du von nun an nur noch die richtigen Partner in dein Leben einlädst.

Nachdem die Kerze heruntergebrannt ist, nimm die fünf zusammengehefteten Herzen und vergrabe sie im Garten oder in einem Blumentopf in deiner Wohnung. Schon bald wird das Papier in der Erde verwittern und damit auch dein Pech enden.

# GEIST, KÖRPER UND SEELE

Die ersten Schamaninnen waren starke Frauen, die sich der Heilung verschrieben und die Kräfte der Erde, der Sonne, des Mondes und des Universums um uns verstanden. In der heutigen Zeit ist uns die Verbindung zur Macht der Natur und zu unserem Körper beinahe abhanden gekommen. Doch mithilfe der modernen Hexerei können wir neu erlernen, uns diese Mächte zur Selbstverwirklichung zu Nutze zu machen. Sie zeigt uns Wege auf, wie wir unseren Geist und die uns eigenen Energien stärken können. Da Hexen wissen, wie man auf seinen Körper und die Welt um sich herum hört, haben sie eine angeborene Fähigkeit zum Heilen.

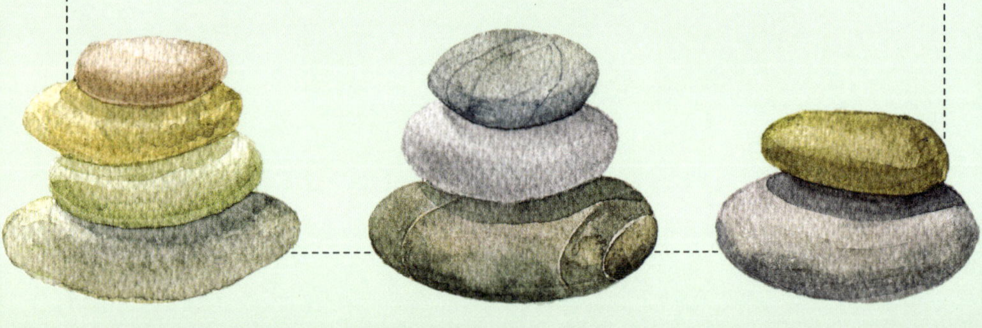

## FEIERE DIE JAHRESZEITEN

Obwohl die meisten von uns in Großstädten leben, können wir dennoch Wege finden, uns mit der Erde und den wechselnden Jahreszeiten, die für Leben, Tod und Wiedergeburt stehen, zu verbinden. Die Jahreszeiten werden durch die Sonne bestimmt, deren Symbol genau wie das des um sie kreisenden Mondes ein Rad ist, daher rührt das Jahresrad. Beachte die acht Wicca-Sabbate und nutze diese Zeiten, um sie gemeinsam mit anderen bei Ritualen zu feiern und dich mit der Natur zu verbinden; oder errichte zu Ehren der Göttin zuhause einen heiligen Ort oder Schrein und reinige dich dort mit heiligem Wasser.

## NUTZE NATÜRLICHE HEILMITTEL

Um durch Kräuter und Pflanzen Heilung zu finden, braucht es keinen riesigen Garten oder teuren Bioladen um die Ecke. Bereits einfache Schritte wie das Aufhängen von Heilkräuterzweigen (zum Beispiel Salbei oder Lavendel) in deinem Zuhause oder Auto werden deine eigenen Energien und die der Menschen in deinem Umfeld positiv beeinflussen.

## HÖR AUF DEINEN KÖRPER

Wir begehen leicht den Fehler, den Körper für etwas zu halten, das getrennt von uns selbst existiert. Wir nehmen ihn für selbstverständlich und ärgern uns, wenn er einmal nicht so funktioniert, wie es soll. Nimm dir Zeit und lerne, auf deinen Körper zu hören. Das kann durch Achtsamkeitsübungen oder Meditation, vielleicht auch durch Wandern in der Natur, Bergsteigen oder Extremsport geschehen. Lerne die verschiedenen Arten zu deuten, auf die dein Körper dir zu verstehen gibt, wer du bist. In der modernen Welt werden deine magischen Fähigkeiten und Einsichten durch Stress behindert. Er erschwert es dir, die Entscheidungen für dein Leben zu treffen, die für dich am besten sind oder macht dich anfällig für negative Einflüsse. Doch indem du lernst, selbst über deinen Körper und deine Gesundheit zu bestimmen, kommst du dem größeren Glück und Erfolg einen kleinen Schritt näher.

## SEI DANKBAR

Es verleiht uns so viel Kraft, wenn wir zu uns selbst stehen und uns mit all unseren Stärken und Schwächen annehmen können. Warum führst du also nicht ein wöchentliches oder monatliches Ritual zur Selbstfürsorge ein? Wähle dafür eine ruhige Zeit und lege einige Dinge, die symbolisieren, auf was du an dir stolz bist vor eine Kerze. Konzentriere dich mit allen Sinnen einige Augenblicke darauf, wie toll du bist und was du in der nächsten Woche oder dem nächsten Monat erreichen willst. Lass dich dabei anstatt von Stimmen und Botschaften, die von außen kommen, nur von deinem eigenen Körper leiten.

Es sei hier nochmals darauf hingewiesen, dass Hexerei und Zaubersprüche keinerlei Alternative zu medizinischem Rat darstellen. Deshalb solltest du immer einen Arzt aufsuchen, wenn du dich nicht wohlfühlst.

# BRAUTTALISMAN

Dieser feierliche Zauber ist für Bräute gedacht und sollte in der Nacht vor der Hochzeit ausgeführt werden, damit er dir und deinem Partner für die Zukunft Glück in der Liebe bringen kann. Seine Zutaten repräsentieren alles, was es zu einer erfolgreiche Ehe braucht – der Lavendel steht für eine gute Gesundheit, die Minze für Wohlstand, der Piment für ein aufregendes Liebesleben und die roten Rosenblätter für die starken Gefühle, die euch beide verbinden.

**DAS BRAUCHST DU:**

- eine Handvoll Lavendel
- eine Handvoll Minze
- eine Handvoll Piment
- zwei rote Rosenblätter
- zwei Tropfen Lavendelöl
- einen Meter rosa Schnur
- ein 15 x 10 cm großes Stück rosa Stoff
- etwas rosa Nähgarn und eine Nadel

**SO FUNKTIONIERT ES:**

Als Erstes vermische alle Zutaten in einer kleinen Schüssel. Sprich dabei folgende Worte:

*Dies Zaubergemisch wird bringen Magie*
*in unsere Ehe,*
*dies Zaubergemisch wird bringen uns Glück,*
*Lachen und Liebe auf immer und ewig.*

Nun forme aus dem Stoff einen kleinen Beutel für das Zaubergemisch. Falte das Material einmal in der Mitte zu einem 7,5 x 10 cm großen Rechteck, dann nähe die offene lange Seite und eine der kurzen Seiten zu, sodass ein Täschchen entsteht. Fülle die magische Mischung hinein und binde den Beutel oben mit der rosa Schnur zu.

Lege den Beutel am Abend vor der Hochzeit unter dein Kopfkissen. Schon allein der Lavendel wird dafür sorgen, dass du gut schläfst und alle Sorgen oder negativen Gedanken bannen, die du in Bezug auf den nächsten Tag hast.

Am Morgen deiner Hochzeit träufle zwei Tropfen Lavendelöl in einen Schale mit warmem Wasser und wasche dir damit das Gesicht. Achte darauf, deinen magischen Beutel zur Trauung mitzunehmen. Platziere ihn an einem Ort, von dem nur du weißt, etwa im Brautstrauß, deiner Tasche oder angeheftet an die Innenseite deines Kleides. Nun hast du garantiert einen wunderschönen Hochzeitstag und eine gesegnete Ehe.

## Wusstest du schon?

Dass Hufeisen Glück bringen, weiß fast jeder. Aber kennst du auch den Grund? Die U-Form des Hufeisens stellt das mächtigste existierende Schutzsymbol dar und alles Unglück, das auf diese Form trifft, prallt ganz einfach daran ab und kehrt zu seinem Ursprungsort zurück. Außerdem werden Hufeisen mit sieben Nägeln angenagelt und die Zahl sieben ist eine Glückszahl. Damit ein Hufeisen seine glücksbringende Wirkung entfalten kann, darf es nicht gekauft, sondern muss gefunden werden. Nach der Tradition der alten Griechen und Römer sollte man es über die Eingangstür hängen.

# AUF DER SUCHE NACH DEM GLÜCK

Zwar habe ich versucht, an alle Anlässe zu denken, für die du möglicherweise einen Glückszauber brauchst, aber natürlich kann ich nicht alle Eventualitäten abdecken. Sollte ich also eine bestimmte Situation ausgelassen haben, für die du eine Extraportion Glück nötig hast, so wende den folgenden Zauber an. Er eignet sich in fast allen Fällen.

**DAS BRAUCHST DU:**

entweder den Samen eines Distelstrauchs oder eine weiße Feder

**SO FUNKTIONIERT ES:**

Diesen Zauber kannst du immer anwenden, wenn du es möchtest. In England, wo ich lebe, wächst ein schöner Distelstrauch, mit kleinen, weißen, flauschigen Samen, die im Sommer durch die Luft fliegen. Eine alte Volksweisheit besagt, dass es sich dabei um kleine Feen handelt, die ausgesandt werden, um uns Wünsche zu erfüllen, wenn es uns gelingt, eine davon zu fangen und ihr diese zuzuflüstern, Wenn du also Glück hast und einen solchen Distelsamen erwischst, dann schließ die Augen und wünsch dir etwas.

Solltest du keine dieser kleinen Feen zur Verfügung haben, kannst du mit einer weißen Feder genau dasselbe tun: Teile ihr deinen Wunsch mit und dann blas sie hinaus ins Universum, sodass sie ihn wahr werden lassen kann.

# DAS PECH BANNEN

Dies ist ein wundervoller und vielseitiger Zauber, der jegliche Art von Unglück bannen kann, das dir vielleicht widerfahren ist. Egal, ob du deinen Job oder die Liebe deines Lebens verloren, Pech in finanziellen Angelegenheiten oder einfach das Gefühl hast, dass bei dir generell alles schief läuft, dieser Zauber macht dem ein Ende.

**DAS BRAUCHST DU:**

- einen silbernen Stift
- ein Stück schwarzes Papier
- eine schwarze Feder
- einen schwarzen Briefumschlag
- eine feuerfeste Schüssel
- Streichhölzer oder ein Feuerzeug

**SO FUNKTIONIERT ES:**

Dieser Zauber sollte bei Neumond ausgeführt werden. Als Erstes schreibe mit dem silbernen Stift in allen Einzelheiten die negativen Ereignisse auf, von denen dein Leben überschattet ist und die du für immer daraus verbannen möchtest. Verfasse einen Brief an das Pech persönlich, in dem du ihm unmissverständlich klar machst, dass du es ab heute nicht mehr in deinem Leben dulden wirst. Werde ruhig wütend dabei und lass deinen Gefühlen freien Lauf, aber lass dich vom Pech nicht unterkriegen. Du sagst ihm, wo es langgeht, nicht umgekehrt.

Dann lege den Brief zusammen mit der schwarzen Feder in den Umschlag und versiegle ihn. Geh mit dem Umschlag nach draußen und stecke ihn in der feuerfesten Schüssel in Brand. Dieser Vorgang zerstört alles Pech, das dir geschickt wurde, sodass du nun von vorn anfangen und dich auf die bald beginnenden glücklicheren Zeiten freuen kannst.

# ZAUBER FÜR MEHR SELBSTVERTRAUEN

Wir alle brauchen manchmal einen kleinen Schubs, wenn wir lieber die Decke über den Kopf ziehen würden, als uns kommenden Ereignissen zu stellen. Egal, ob du bei etwas Wichtigem Pech hattest oder einfach dein Mojo nicht findest, dieser Zauber steigert garantiert dein Selbstvertrauen, sodass du wieder lächeln kannst.

## DAS BRAUCHST DU:

- eine kleine leere Puderdose mit Spiegel
- einen Kreis aus Papier, der in die Puderdose passt
- einen goldenen oder silbernen Stift
- Klebstoff

## SO FUNKTIONIERT ES:

Wirke diesen Zauber an einem Sonntag, an dem Neumond ist. Zunächst zieh dein Lieblingsoutfit an, kämme dir die Haare, lege etwas Make-Up auf, wenn du möchtest, und sorge allgemein dafür, dass du dich wohlfühlst. Genieße ein langes Bad, mit dem du dich in aller Ruhe selbst verwöhnst.

Wenn du dann glücklich und entspannt bist, setz dich hin und schreib mit goldener oder silberner Tinte auf den Papierkreis alles Positive, das dir zur dir selbst einfällt. Denk an die positiven Dinge, die andere zu dir gesagt haben und an die Gelegenheiten, bei denen du das meiste Selbstbewusstsein hattest. Was mögen/mochten dein Partner, Ex-Partner oder deine Freunde besonders an dir? Wie oft wurde dir schon gesagt, wie schön dein Lächeln ist und wie einfühlsam du bist? Falls dir wirklich gar nichts einfällt, ruf eine/n Freund/in an und bitte ihn/sie, dir spontan fünf gute Eigenschaften von dir aufzuzählen, und schreib diese auf.

Dann klebe das Stück Papier an die Stelle in die Puderdose, wo das Puder war. Nun blicke in den Spiegel und werde dir bewusst, dass du in Wirklichkeit etwas ganz Besonderes bist.

Sage sechsmal:

*Ich bin ein toller und selbstbewusster Mensch.*

Bewahre die Puderdose in deiner Handtasche auf und jedes Mal, wenn du auf die Schnelle dein Selbstvertrauen stärken willst, öffne sie, lies die Botschaft darin und lächle. Danach wirst du dich immer um 100 Prozent besser fühlen.

### Wusstest du schon?

Die arme schwarze Katze wird für so einiges verantwortlich gemacht. In vielen Kulturen weltweit wertet man sie wahlweise als gutes oder schlechtes Omen. Während eine Begegnung mit ihr in England Glück verheißen soll, ist in Deutschland genau das Gegenteil der Fall, besonders, wenn sie von links nach rechts unseren Weg kreuzt. In manchen Ländern kündigt sie gar den baldigen Tod an, in Schottland wiederum steht eine schwarze Katze, die zum eigenen Haus kommt, für baldigen Wohlstand.

# EIN SPEZIELLES UNGLÜCK BANNEN

Vielleicht gibt es einen Bereich in deinem Leben, in dem du eine Pechsträhne hast, und den ich mit diesem Buch nicht abgedeckt habe. Zwar lassen sich die meisten Zauber an die jeweilige Situation anpassen, aber vielleicht existiert dennoch ein Thema, das ich noch gar nicht berührt habe. In diesem Fall hilft der folgende Zauber. Er eignet sich für alle Arten von Pech.

**DAS BRAUCHST DU:**

- ein Stück Papier
- einen Stift
- eine schwarze Kerze
- eine feuerfeste Schale
- Streichhölzer oder ein Feuerzeug

**SO FUNKTIONIERT ES:**

Dieser Zauber sollte bei abnehmendem Mond oder Neumond/Schwarzmond vollführt werden. (Anmerkung der Redaktion: „Schwarzmond" oder auch „Dunkelmond" werden als Synonym für Neumond verwendet. Streng genommen ist aber Schwarzmond die Nacht, in der kein Mond am Himmel zu sehen ist und erst die nächste Nacht Neumond)

Zuallererst konzentriere dich auf die Situation, aus der du das Pech verbannen willst. Schreibe sie auf das Stück Papier. Notiere so viel wie möglich über die Situation. Sie könnte zum Beispiel sein, dass du dich in deiner Karriere, deiner Suche nach dem richtigen Partner oder nach deinem Traumzuhause vom Pech verfolgt fühlst.

Schreib alles auf und gehe dabei so sehr oder so wenig ins Detail wie du möchtest. Dann entzünde die schwarze Kerze und sprich die folgenden Worte:

*Gott und Göttin*
*Ich rufe euch an um [Bezeichnung für das Problem]*
*hier und jetzt aus meinem Leben zu verbannen.*
*Bitte gewährt meinen Wunsch mir*
*und lasst mein Leben wieder sein glücklich.*
*Verbannt in die Vergangenheit diese Zeit,*
*sodass sie möge wiederkehren nimmermehr.*

Wenn die Kerze zur Hälfte heruntergebrannt ist, stecke das Stück Papier in Brand und wirf es in die feuerfeste Schale. Anschließend bring die Asche nach draußen und lass sie vom Wind hinwegtragen.

Stell dir vor, wie deine Sorgen mit dem Wind davonwehen und niemals wiederkehren.

# DAS DREAMBOARD DES GLÜCKS

Ein Dreamboard kann man sich sehr gut alleine basteln oder damit gemeinsam mit Freunden einen schönen Abend verbringen. Egal, ob du die erste oder die zweite Möglichkeit wählst, das Ritual sollte auf jeden Fall bei Neu- oder Vollmond stattfinden.

## DAS BRAUCHST DU:

- ein großes Stück Pappe in deiner Lieblingsfarbe
- verschiedenfarbige Stifte
- Sternaufkleber
- Glitzerstaub in verschiedenen Farben
- gepresste Blumen oder ein Potpourri
- Klebstoff
- mehrere Zeitschriften oder Zeitschriftenausschnitte von Dingen, die dich inspirieren oder ansprechen

## SO FUNKTIONIERT ES:

Als Erstes lege das Stück Pappe vor dir auf den Boden und stelle es dir als leere Fläche vor. Von jetzt an wird das dein neues Ich sein. Vergiss alle Probleme, mit denen du in der Vergangenheit zu kämpfen hattest. Was vorbei ist, ist vorbei. Denk nicht mehr daran, wie schwierig es war, als du deine letzte Prüfung bestehen musstest, mit deinen Eltern zerstritten warst oder dich verschuldet hattest, denn dies ist ein Neuanfang.

Als Nächstes schreibe auf das Stück Pappe in großen Buchstaben „mein Dreamboard – hier werden Wünsche wahr“.

Diesen Titel kannst du mit Sternen, Glitzerstaub, gepressten Blumen, Federn oder womit du möchtest verzieren. Das Wichtigste an deinem Dreamboard ist, dass du darauf die Dinge klebst, die du willst; nicht die Wünsche deiner Eltern oder die Ideen deiner Freunde – deine eigenen. Wahrscheinlich wird es dir leichter fallen, wenn du mit den kleinen Dingen beginnst. Also überlege dir etwas Kleines, das du im Moment gern hättest. Neue Stiefel? Gut, dann sieh jetzt die Zeitschriften durch und finde ein Bild von ihnen. Schneide es aus und klebe es auf die Pappe. Neben das Bild schreibe etwas wie „Ich kann mir jetzt leisten, diese neuen Stiefel zu kaufen.“ Diese einfache Aussage genügt, um deinen Traum, sie zu besitzen, schon bald Wirklichkeit werden zu lassen.

Nun fahre mit etwas fort, dass du dir in sagen wir ein paar Monaten für dein Leben wünschst. Vielleicht fitter und gesünder zu sein, den Führerschein zu bestehen oder mehr Kontakte oder Freizeit für ein Hobby zu haben. Was auch immer du erreichen willst, schneide ein Bild aus, das für deinen Wunsch steht und klebe es auf das Dreamboard.

Das Ziel davon ist, dass du eine Collage deines idealen Lebens in Bilderform erstellst. Jedes Mal, wenn du die Bilder auf deinem Board ansiehst oder Zeit damit verbringst, es zu verzieren, regst du auf magische Weise dein Unterbewusstsein dazu an, zu denken, dass du diese Dinge verdienst. Und was noch wichtigster ist: Das Dreamboard verleiht dir die Konzentration auf dich selbst und die Positivität, die du brauchst, um sie zu erreichen. Während deine Einstellung sich ändert, wirst du neue Gelegenheiten anziehen – die richtigen Gelegenheiten, was dir wiederum mehr Geld, Zeit und Verbindungen zu den Wünschen auf deinem Dreamboard und allen anderen Dingen verschafft, die du in deinem Leben passieren sollen.

# HEXEN-WEISHEITEN

Manchmal werde ich gefragt, was ich unternehme, wenn Zaubersprüche nicht funktionieren.

Oft wirken sie nämlich auf eine völlig andere Weise, als wir es erwarten und erst im Rückblick verstehen wir, dass sie tatsächlich gewirkt haben. Magie kann nicht alles, was du willst, einfach herbeizaubern. Was sie aber durchaus kann, ist, die Welt zu beeinflussen und dir ermöglichen, dein Leben so zu gestalten, wie du es möchtest. Außerdem wirkst du auf deine Mitmenschen, wenn du erst einmal Magie anwendest, schon bald anders und einfach selbstbewusster. Dennoch wirst du durch sie nicht habgierig oder willst mehr, als du tatsächlich brauchst.

Sollte es gelegentlich so scheinen, als ob ein Zauber nicht funktioniert hat, dann verzweifle nicht. Dafür gibt es üblicherweise einen Grund. Wenn du etwa gerade eine schwierige Beziehung hinter dir hast, aber trotzdem auf Biegen und Brechen einen neuen Partner finden willst, könnte die Göttin der Meinung sein, dass du etwas Zeit für dich brauchst, damit du wirklich über den Menschen hinwegkommst, der dir das Herz gebrochen hat. Dann bist du vielleicht einfach noch nicht bereit, dich wieder so richtig zu verlieben. Oder vielleicht hast du einen Zauber angewandt, um deinen Traumjob zu bekommen und bist schon am ersten Bewerbungsgespräch gescheitert. Möglicherweise stellt sich später heraus, dass für diese Firma zu arbeiten total schrecklich ist? Oder, es handelt sich gar nicht um deinen Traumjob, und du hast dir das nur eingeredet, würdest aber eigentlich stattdessen lieber ein Jahr lang um die Welt reisen.

Wenn du einen Zauberspruch ausführst und er wirklich das ist, was du dir wünschst, er aber keine Wirkung zeigt, überprüfe, ob die richtige Mondphase dafür ist oder verändere ihn leicht. Ein Beispiel: Du willst einen Zauber aussprechen, der deine finanzielle Lage verbessern soll, aber der Mond ist in der abnehmenden (bannenden) Phase. Dann formuliere einfach anstatt eines Zauberspruchs, der Geld anziehen soll, einen, der Geldsorgen bannt. Bleiben deine Bemühungen immer noch erfolglos, so überlege, ob dein Wunsch wirklich gut für dich oder die Person ist, für die der Zauber gedacht ist.

Durch die Magie kann man wirklich das bestmögliche aus seinem Leben machen. Daher hoffe ich, dass diese Zaubersprüche für dich sowohl der Auftakt zu einer neuen und aufregenden Zeit in deinem Leben sein werden, und du außerdem durch sie die Hexerei näher verstehen lernst.

*Merry Meet, Merry Part, and*
*Merry Meet Again*

** Frohes Treffen, froher Abschied und frohes Wiedersehen!*

Für die deutsche Ausgabe:
Übersetzung aus dem Englischen: Anja Keller
Produktmanagement und Lektorat: Sonja Fakler
Satz: Eva Grimme

First published in the UK in 2018 by ILEX, a division of Octopus Publishing Group Ltd
Carmelite House, 50 Victoria Embankment
London EC4Y ODZ


1. Auflage 2019


ISBN: 978-3-7724-5363-2 • Best.-Nr. 5363

Printed in China

Picture acknowledgements:
Dreamstime.com: Cover art work by Julia Tochilina and Olgers1; Andrey Yanushkov 7, 8–9, 19, 66al, 66ar, 66bl, 69, 73, 102, 137, 141; Anna Maslikova 123; Artur Ganiev 45, 129; Arxichtu4ki 96a; Astro Ann 14; Cmwatercolors 113; Daria Timofeeva 38a; Daria Ustiugova 83, 124; Dmitry Krikun 63; Dvoriankin 116; Ekaterina Arkhangelskaia 27, 50b; Ekaterina Arkhangelskaia 130; Ekaterina Glazovak 86; Elena Medvedeva 142; Evgenia Silaeva 88; Inna Sinanova 109; Kotokomi 10; Krystsina Kvilis 4, 36, 65; Lemaris 46; Lnsdes 22, 66br, 139; Matikaby 71, 79r; Natali Myasnikova 91; Nattle 106; Oksana Adigamova 50a; Olgers1 30; Regina Jersova 56, 79l; Shliago 133; Suandokdesign 33; Svetlana Foote 2; Svitanola 105a; Tatiana Satarikova 41; Tetiana Syrytsyna 59, 96b; Tetiana Syrytsyna 127; Transfuchsian 35; Undrey 38b; Victoria Arefyeva 56; Viktorkashin10 114; Yuliya Derbisheva 74; Yunaco 23; Zeninaasya 80; Zeninaasya 105b.